Bettina Frowein

Betriebsratswahlen

Fragen und Antworten

Mit Online-Quiz unter
www.bund-verlag.de/faq-quiz

Bettina Frowein

Betriebsratswahlen

Basiswissen für Wahlvorstände und Betriebsräte
Vorbereitung und Durchführung der Wahlen
Gesetzliche Regelungen

BUND
VERLAG

Im Interesse einer besseren Lesbarkeit wird davon abgesehen, bei Fehlen einer geschlechtsneutralen Formulierung sowohl die männliche als auch weitere Formen aufzuführen. Die gewählten Formulierungen gelten deshalb uneingeschränkt für die weiteren Geschlechter.

Bibliografische Informationen der Deutschen Nationalbibliothek
Die Deutsche Nationalbibliothek verzeichnet diese Publikation in der Deutschen Nationalbibliografie; detaillierte bibliografische Daten sind im Internet über *http://dnb.d-nb.de* abrufbar.

Umschlag: fsvk designbüro für visuelle kommunikation, Großostheim
Satz: Dörlemann Satz, Lemförde
Druck: CPI books GmbH, Birkstraße 10, 25917 Leck
ISBN 978-3-7663-7523-0

kontakt@bund-verlag.de
www.bund-verlag.de

Inhaltsverzeichnis

Abkürzungsverzeichnis

Abs.	Absatz
Art.	Artikel
AÜG	Arbeitnehmerüberlassungsgesetz
BAG	Bundesarbeitsgericht
BetrVG	Betriebsverfassungsgesetz
BGB	Bürgerliches Gesetzbuch
BGBl.	Bundesgesetzblatt
BR	Betriebsrat
BSI	Bundesamt für Sicherheit in der Informationstechnik
f.	folgend
ff.	fortfolgend
GG	Grundgesetz
i. V. m.	in Verbindung mit
Nr.	Nummer
s.	siehe
S.	Seite
SprAuG	Sprecherausschussgesetz
StGB	Strafgesetzbuch
vgl.	vergleiche
WO	Wahlordnung
WV	Wahlverfahren
z. B.	zum Beispiel

Einleitung

Frühzeitig planen – erfolgreich wählen!
Die nächsten Betriebsratswahlen stehen 2026 an. Klingt noch weit weg? Mag sein, aber eine gute Vorbereitung ist der Schlüssel zu einer erfolgreichen Wahl. Wer sich frühzeitig darum kümmert, vermeidet Stress, Unsicherheiten und Fehler, die schlimmstenfalls zur Anfechtung der Wahl führen könnten.
Worauf kommt es an? Zunächst auf die richtigen Leute: Ohne engagierte Mitstreiterinnen und Mitstreiter wird es schwierig, eine starke Interessenvertretung auf die Beine zu stellen. Der erste Schritt ist also, frühzeitig geeignete Personen für den Wahlvorstand zu finden und potenzielle Kandidatinnen und Kandidaten anzusprechen.
Doch wie behält man als Wahlvorstand oder Betriebsrat den Überblick über Fristen, Vorschriften und Abläufe? Und wie organisiert man die Wahl effizient, ohne sich durch endlose Gesetzes- oder Verordnungstexte zu kämpfen?
Genau hier setzt dieser Ratgeber an – mit einem klaren Frage-Antwort-Prinzip. Der Vorteil: Statt lange Texte zu wälzen, bietet der Ratgeber für die schnelle Information kurze und hoffentlich nützliche Antworten auf die Fragen, die sich in der Praxis stellen – prägnant, verständlich und auf den Punkt. Egal, ob es um Fristen, die Zusammensetzung des Wahlvorstands, die Kandidatensuche oder die Details rund um die Durchführung der eigentlichen Wahl geht.
Unser Ziel ist es, allen, die mit der Wahl befasst sind, einen praxisnahen Leitfaden an die Hand zu geben, der hilft, die Betriebsratswahl effizient und rechtssicher zu organisieren. In jedem Betrieb sollten jetzt die Vorbereitungen starten. Denn eine erfolgreiche Betriebsratswahl beginnt

nicht erst mit dem Wahlaufruf – sondern mit einer vorausschauenden Planung!
Wir hoffen, mit diesem kleinen Ratgeber eine nützliche Hilfe bieten zu können – für den Start der nächsten Betriebsratswahlen.
Viel Erfolg!
Bettina Frowein

A. Zeitpunkt der Betriebsratswahlen

Betriebsratswahlen finden alle vier Jahre statt, der nächste Termin ist 2026. Die Vorbereitungen müssen frühzeitig vor Ende der Amtszeit des aktuellen Betriebsrats beginnen, damit ein nahtloser Übergang gewährleistet ist. Außerordentliche Wahlen sind außerhalb des regulären Zeitraums nötig, wenn sich die Belegschaft stark verändert, der Betriebsrat zurücktritt oder eine Wahl angefochten wird.

1. Wann finden die Betriebsratswahlen statt?

Betriebsratswahlen finden alle vier Jahre zwischen dem 1. März und dem 31. Mai statt, wenn es bereits einen Betriebsrat gibt (§ 13 BetrVG). Der nächste Wahlzeitraum ist 2026. Der Wahltag muss in diesem Zeitraum liegen. Die Vorbereitung der Wahl sollte frühzeitig beginnen.
Damit es keinen Zeitraum ohne Betriebsrat gibt, richtet sich der genaue Wahltermin in Betrieben mit Betriebsrat nach dem Ende der Amtszeit. Die Wahlen sollten rechtzeitig organisiert werden, normalerweise 10 Wochen vor dem Ende der Amtszeit. Zu diesem Zeitpunkt muss der Wahlvorstand bestellt werden (§ 16 Abs. 1 BetrVG).

2. Wann finden Betriebsratswahlen außer der Reihe statt?

Betriebsratswahlen außer der Reihe, also außerhalb des Zeitraums vom 1. März bis 31. Mai (§ 13 Abs. 2 Nr. 1–6 BetrVG), sind notwendig, wenn

- die Zahl der Arbeitnehmer:innen nach der Hälfte der Amtszeit erheblich gestiegen oder gesunken ist,
- die vorgeschriebene Betriebsratsgröße nach Ausscheiden von Betriebsratsmitgliedern unterschritten wird,
- der Betriebsrat geschlossen zurückgetreten ist,
- die Betriebsratswahl erfolgreich angefochten wurde,
- das Arbeitsgericht den Betriebsrat aufgelöst hat oder
- im Betrieb bisher kein Betriebsrat bestanden hat.

Nach einer Betriebsratswahl außerhalb des regulären Wahlzeitraums findet die nächste Wahl wieder zusammen mit allen anderen Betriebsratswahlen statt.

3. Wann kann eine Betriebsratswahl stattfinden, wenn sich die Belegschaftsstärke verändert hat?

Eine Neuwahl des Betriebsrats findet jederzeit (auch außerhalb des Zeitraums vom 1. März bis 31. Mai) statt, wenn die Zahl der Arbeitnehmer:innen in einem Betrieb um wenigstens die Hälfte gestiegen oder gesunken ist, und dies mindestens um 50 Arbeitnehmer:innen, § 13 Abs. 2 Nr. 1 BetrVG. Beide Voraussetzungen müssen vorliegen. Ausschlaggebend ist die Zahl der regelmäßig beschäftigten Arbeitnehmer:innen, nicht die Zahl der wahlberechtigten Arbeitnehmer:innen. Stichtag für die veränderte Belegschaftsstärke ist 24 Monate nach dem Tag der Betriebsratswahl.
Nicht berücksichtigt wird eine zahlenmäßige Veränderung der Geschlechter, auch wenn dies an sich eine Erhöhung der Mindestanzahl der Betriebsratssitze für das Minderheitsgeschlecht zur Folge hätte (vgl. § 15 Abs. 2 BetrVG).

4. Wann kann eine Betriebsratswahl stattfinden, wenn die Betriebsratsgröße unterschritten wird?

Nach § 9 BetrVG richtet sich die Größe des Betriebsrats grundsätzlich nach der Anzahl der Arbeitnehmer:innen im Betrieb. Scheiden nun Betriebsratsmitglieder während der Amtszeit aus dem Betriebsrat aus, können zu-

nächst Ersatzmitglieder nachrücken, so dass die Betriebsratsgröße gemäß der Anzahl der Beschäftigten wieder hergestellt ist. Kann die Anzahl aber nicht durch Nachrücken der Ersatzmitglieder aufgefangen werden und sinkt dadurch unter die vorgesehene Zahl nach § 9 BetrVG, so muss ein neuer Betriebsrat gewählt werden.
Der reduzierte Betriebsrat hat einen Wahlvorstand zu bestellen und führt die Geschäfte bis zur Neuwahl des Betriebsrats weiter. Die Betriebsratswahl findet dann sofort (unabhängig vom Zeitraum 1. März bis 31. Mai) statt, § 13 Abs. 2 Nr. 2 BetrVG.

5. Muss der Betriebsrat außer der Reihe neu gewählt werden, wenn die erforderliche Mindestanzahl an das Minderheitengeschlecht nicht mehr erfüllt wird?

Nein. Eine Neuwahl des Betriebsrats erfolgt nicht, wenn nach Einrücken der Ersatzmitglieder nur die erforderliche Mindestanzahl des Minderheitengeschlechts nach § 15 Abs. 2 BetrVG nicht mehr erreicht wird.

6. Wann findet eine Betriebsratswahl nach Rücktritt des Betriebsrats statt?

Ein Betriebsrat kann jederzeit durch Mehrheitsbeschluss zurücktreten. Es kommt auf die Mehrheit aller Mitglieder an, unabhängig davon, wie viele Mitglieder in der Betriebsratssitzung anwesend waren. Ersatzmitglieder rücken nicht nach. Der zurückgetretene Betriebsrat hat nach seinem Rücktritt einen Wahlvorstand zu bestellen und führt die Geschäfte bis zur Neuwahl eines Betriebsrats weiter. Die Betriebsratswahl findet dann sofort (unabhängig vom Zeitraum 1. März bis 31. Mai) statt, § 13 Abs. 2 Nr. 3 BetrVG.

7. Wann findet eine Betriebsratswahl nach erfolgreicher Anfechtung der Betriebsratswahl statt?

Die erfolgreiche Anfechtung der Betriebsratswahl wird durch rechtskräftige Entscheidung des Gerichts festgestellt. Der Betriebsrat besteht dann wegen Ungültigkeit der Wahl ab dem Zeitpunkt der Entscheidung des Gerichts nicht mehr. Er kann deshalb auch keinen neuen Wahlvorstand bestellen. Die Neuwahl erfolgt vielmehr nach den Regeln des betriebsratslosen Betriebs, § 17 BetrVG: Falls kein Gesamt- oder Konzernbetriebsrat besteht, ist der Wahlvorstand von der Mehrheit der anwesenden Arbeitnehmer:innen in der Betriebsversammlung zu wählen. Die Durchführung der Wahlen kann jederzeit (auch außerhalb des Zeitraums vom 1. März bis 31. Mai), § 13 Abs. 2 Nr. 4 BetrVG, erfolgen.

8. Wann kann eine Betriebsratswahl stattfinden, wenn das Arbeitsgericht den Betriebsrat aufgelöst hat?

Wenn der Betriebsrat seine Pflichten aus dem BetrVG, Tarifvertrag oder der Betriebsvereinbarung grob verletzt, können ein Viertel der wahlberechtigten Arbeitnehmer:innen, der Arbeitgeber oder eine im Betrieb vertretene Gewerkschaft die Auflösung des Betriebsrats beim Arbeitsgericht beantragen, § 23 Abs. 1 BetrVG.

Wenn das Arbeitsgericht daraufhin die Auflösung des Betriebsrats rechtskräftig festgestellt hat, § 13 Abs. 2 Nr. 3 BetrVG, finden die Betriebsratswahl sofort (unabhängig vom Zeitraum 1. März bis 31. Mai) statt. Der Betrieb ist nun betriebsratslos, das Arbeitsgericht hat einen Wahlvorstand zur Neuwahl zu bestimmen, § 23 Abs. 2 BetrVG.

9. Wann kann eine Betriebsratswahl stattfinden, wenn im Betrieb noch kein Betriebsrat besteht?

In diesem Fall kann jederzeit (also auch außerhalb des Zeitraums 1. März bis 31. Mai) eine Wahl des Betriebsrats stattfinden, § 13 Abs. 2 Nr. 6 BetrVG. Der Betrieb muss nur betriebsratsfähig (mind. 5 wahlberechtigte

Arbeitnehmer:innen) sein. Das betrifft vor allem Betriebe, die bisher keinen Betriebsrat hatten, aber auch solche, bei den die Amtszeit des Betriebsrats abgelaufen ist oder eine rechtzeitige Neuwahl nicht eingeleitet worden ist, d. h. alle Fälle, in denen der Betrieb (auch kurz) betriebsratslos ist.

10. Wann findet die Betriebsratswahl statt, die nach einer Betriebsratswahl außer der Reihe folgt?

Nach einer Betriebsratswahl außerhalb des regulären Wahlzeitraums findet die nächste Wahl wieder zusammen mit allen anderen Betriebsratswahlen statt, § 13 Abs. 3 BetrVG.
Dabei sind zwei Fälle zu unterscheiden:

- Wenn der Betriebsrat am 1. 3. des (regulären) Wahljahres schon mindestens ein Jahr im Amt ist, dann findet die Betriebsratswahl auch zu diesem regulären Zeitpunkt statt, vgl. § 13 Abs. 3 Satz 1 BetrVG. Die Amtszeit betrug dann mindestens ein Jahr, aber weniger als vier Jahre.
- Wenn der Betriebsrat am 1. 3. des (regulären) Wahljahres noch nicht ein Jahr im Amt ist (also erst nach dem 1. 3. des Vorjahres gewählt wurde), so ist ein neuer Betriebsrat erst im übernächsten Zeitraum der Betriebsratswahlen zu wählen, § 13 Abs. 3 Satz 2 BetrVG. Die Amtszeit beträgt dann also mehr als vier Jahre.

B. Aufgaben und Regelungen des Wahlvorstands

Die wesentliche Aufgabe des Wahlvorstands besteht darin, die Wahl ordnungsgemäß und im Einklang mit den gesetzlichen Vorschriften zu organisieren und durchzuführen (§ 1 WO). Zahlreiche gesetzliche Regelungen sind zu beachten. Die Mitglieder des Wahlvorstands genießen Kündigungsschutz.

11. Was sind die zentralen Aufgaben des Wahlvorstands?

Der Wahlvorstand ist für die Organisation und Durchführung der Betriebsratswahlen verantwortlich (§ 1 WO). Er muss sicherstellen, dass alle gesetzlichen Vorschriften und Fristen eingehalten werden, da Verstöße die Anfechtung der Wahl zur Folge haben können. Zu seinen wesentlichen Aufgaben zählen:

- die Bestimmung der Betriebsratsgröße (§ 9 BetrVG),
- die Berechnung der Minderheitenquote (§ 15 Abs. 2 BetrVG),
- die Erstellung der Wählerliste (§ 2 WO),
- die Veröffentlichung des Wahlausschreibens (§ 3 WO),
- die Prüfung der Wahlvorschläge (§ 7 WO),
- die Organisation und Durchführung des Wahltags (§§ 11–12 WO),
- die Auszählung der Stimmen (§ 13 WO) sowie
- die Bekanntgabe des Wahlergebnisses und die Einladung zur konstituierenden Sitzung des neuen Betriebsrats (§ 18 WO).

12. Wie groß ist der Wahlvorstand üblicherweise?

Der Wahlvorstand bei Betriebsratswahlen besteht gemäß § 16 des BetrVG grundsätzlich aus drei Mitgliedern.

> **Hinweis:**
> Allerdings kann die Anzahl variieren. Der Wahlvorstand kann bei größeren Betrieben aus mehr als drei Mitgliedern bestehen, wenn dies zur ordnungsgemäßen Durchführung der Wahl erforderlich ist.

Zusätzlich werden Ersatzmitglieder bestellt, die einspringen, falls ein reguläres Mitglied ausfällt.

13. Wie werden Sitzungen des Wahlvorstands abgehalten?

Sitzungen des Wahlvorstands finden grundsätzlich während der Arbeitszeit in Präsenz statt (§ 1 Abs. 3 Satz 2 WO). Es gibt öffentliche oder nichtöffentliche Sitzungen. Bei Bedarf darf der Wahlvorstand Gewerkschaftsvertreter:innen oder externe Fachleute hinzuziehen (§ 1 Abs. 3 Satz 5 WO).

14. Sind Sitzungen per Video- oder Telefonkonferenz zulässig?

Nicht-öffentliche Sitzungen dürfen unter bestimmten Bedingungen auch virtuell stattfinden (§ 1 Abs. 4 WO). Dafür muss der Wahlvorstand einen Beschluss fassen, idealerweise während einer Präsenzsitzung. Allerdings ist – anders als bei Betriebsratssitzungen – nicht zwingend notwendig, dass eine Geschäftsordnung erlassen wurde. Virtuelle Sitzungen müssen technisch abgesichert sein, sodass unbefugte Dritte keinen Zugang haben. Außerdem sind Aufzeichnungen der Sitzungen untersagt (§ 1 Abs. 4 Satz 3 und 4 WO). Der Arbeitgeber hat kein Mitspracherecht bei der Entscheidung über virtuelle Sitzungen, ist jedoch verpflichtet, die technischen Mittel bereitzustellen und die Kosten zu tragen (§ 20 BetrVG).

15. Welche Sitzungen müssen zwingend in Präsenz stattfinden?

Einige Sitzungen des Wahlvorstands dürfen nicht virtuell durchgeführt werden. Dazu gehören:

- die öffentliche Stimmauszählung (§§ 13 WO,34 Abs. 3 WO),
- die Bearbeitung der Briefwahlunterlagen (§§ 26 Abs. 1 WO, 35 Abs. 3 WO),
- die Erstellung der Wahlniederschrift (§ 16 WO) sowie
- die Prüfung und das Losverfahren zu den Vorschlagslisten (§§ 7 Abs. 2 Satz 2 WO, 10 Abs. 1 WO).

Diese Regelungen stellen sicher, dass wesentliche Schritte der Wahl transparent und nachvollziehbar bleiben.

16. Wie trifft der Wahlvorstand Beschlüsse und wie wird dies dokumentiert?

Der Wahlvorstand fasst seine Beschlüsse mit einfacher Mehrheit der stimmberechtigten Mitglieder (§ 1 Abs. 3 Satz 1 WO). Stimmenthaltungen gelten als Ablehnung. Über jede Sitzung wird ein Protokoll angefertigt, das vom Vorsitzenden und einem weiteren stimmberechtigten Mitglied unterschrieben werden muss (§ 1 Abs. 3 Satz 3 und 4 WO).

17. Kann der Wahlvorstand Wahlhelfer:innen einsetzen?

Ja, der Wahlvorstand kann eigenständig entscheiden, ob und wie viele Wahlhelfer:innen er einsetzt (§ 1 Abs. 2 Satz 2 WO). Wahlhelfer:innen müssen wahlberechtigt sein und mit dem Wahlverfahren vertraut sein. Ihre Aufgaben beschränken sich auf die Unterstützung bei der Stimmabgabe und der Stimmauszählung, nicht auf die Vorbereitung der Wahl. Der Arbeitgeber hat kein Mitspracherecht bei der Bestellung von Wahlhelfern, muss aber über deren Einsatz informiert werden.

18. Wie berechnet der Wahlvorstand Fristen?

Die Berechnung von Fristen erfolgt gemäß § 41 WO in Verbindung mit den §§ 187ff. BGB. Eine Frist beginnt am Tag nach dem Ereignis, das sie auslöst. Endet eine Frist an einem Samstag, Sonntag oder Feiertag, verlängert sie sich bis zum nächsten Werktag (§ 193 BGB). Der Wahlvorstand kann festlegen, dass Fristen zum Ende der betrieblichen Arbeitszeit ablaufen (§ 41 Abs. 2 WO).

19. Wie wird die Größe des Betriebsrats festgelegt?

Die Größe des Betriebsrats hängt von der Anzahl der Beschäftigten ab (§ 9 BetrVG). Der Wahlvorstand prüft, wie viele Arbeitnehmer:innen wahlberechtigt sind. Gibt es nicht genügend Kandidaten, kann die Betriebsratsgröße auf die nächstkleinere Stufe reduziert werden (§ 11 BetrVG).

20. Wie wird die Minderheitenquote berechnet?

Die Minderheitenquote wird vom Wahlvorstand auf Basis der Wählerliste ermittelt. Mit dem d'Hondt-Verfahren wird der Mindestanteil des Geschlechts in der Minderheit bestimmt (§ 15 Abs. 2 BetrVG).

21. Welche Unterstützung kann der Wahlvorstand vom Arbeitgeber einfordern?

Der Arbeitgeber muss dem Wahlvorstand alle notwendigen Informationen und Unterlagen zur Verfügung stellen (§ 2 Abs. 2 Satz 1 WO). Dies umfasst beispielsweise die Unterstützung bei Wählerlisten. Der Arbeitgeber muss dem Wahlvorstand alle Personalunterlagen zur Verfügung stellen, die er für die Wählerliste benötigt (Name, ggf. Privatadresse für Briefwahl, Geburtsdatum, genaue Tätigkeit etc.). Zudem muss der Arbeitgeber Räumlichkeiten für die Wahlvorbereitung und einen Wahlraum sowie die nötigen technischen Mittel zur Verfügung stellen.

Verweigert der Arbeitgeber diese Unterstützung, kann der Wahlvorstand eine einstweilige Verfügung vor dem Arbeitsgericht beantragen. Datenschutzrechtliche Bedenken sind unproblematisch, wenn die Daten ausschließlich dem Wahlvorstand zugänglich gemacht werden (§ 20 BetrVG).

22. Haben Wahlvorstandsmitglieder Anspruch auf Schulungen?

Ja, Wahlvorstandsmitglieder haben das Recht auf Schulungen, die notwendig sind, um ihre Aufgaben ordnungsgemäß auszuführen. Der Arbeitgeber ist verpflichtet, die Kosten für solche Schulungen zu tragen (§ 20 Abs. 3 BetrVG). Der Wahlvorstand entscheidet selbstständig per Beschluss über die Teilnahme an einer Schulung. Alternativ kann der Betriebsrat bei der Bestellung des Wahlvorstands Schulungen für dessen Mitglieder festlegen.

23. Welchen Kündigungsschutz genießen Mitglieder des Wahlvorstands?

Mitglieder des Wahlvorstands genießen während ihrer Amtszeit besonderen Kündigungsschutz. Ab der Bestellung des Wahlvorstands bis sechs Monate nach der Bekanntgabe des Wahlergebnisses dürfen sie nicht ordentlich gekündigt werden (§ 15 Abs. 3 KSchG). Eine außerordentliche Kündigung ist nur mit Zustimmung des Betriebsrats zulässig (§ 103 BetrVG).

24. Gibt es beim Wahlvorstand Ersatzmitglieder?

Sowohl im normalen als auch im vereinfachten Verfahren kann der Betriebsrat für jedes Wahlvorstandsmitglied ein Ersatzmitglied bestellen (§§ 16 Abs. 1 Satz 4, 17a BetrVG). Es kann auch ein Ersatzmitglied für mehrere Wahlvorstandsmitglieder bestellt werden. Wichtig ist aber, dass der Betriebsrat die Reihenfolge des Nachrückens vorab festlegt. Ein Ersatzmitglied kann zeitweise einrücken, wenn das Wahlvorstandsmitglied nur zeitweise ausfällt, oder dauerhaft, wenn es ganz aus dem Wahlvorstand ausgeschieden ist.

25. Wann endet das Amt des Wahlvorstands?

Das Amt des Wahlvorstands endet, sobald der neu gewählte Betriebsrat in der konstituierenden Sitzung eine Wahlleiterin oder einen Wahlleiter bestimmt hat (§ 9 Abs. 1 Satz 2 BetrVG). Bis zu diesem Zeitpunkt bleibt der Wahlvorstand für die Leitung der konstituierenden Sitzung zuständig.

26. Welche Folgen haben Fehler bei der Bestellung oder Zusammensetzung des Wahlvorstands?

Fehler bei der Bestellung oder Zusammensetzung des Wahlvorstands können die Anfechtung der Betriebsratswahl begründen (§ 19 BetrVG). Solche Fehler führen jedoch nicht automatisch zum Abbruch der Wahl. Insbesondere in Betrieben ohne bestehenden Betriebsrat werden die Anforderungen an die Wahl des Wahlvorstands weniger streng ausgelegt, um die Durchführung der Wahl nicht zu erschweren. Sollte eine Wahl erfolgreich angefochten werden, muss ein neuer Wahlvorstand bestellt oder gewählt werden (§§ 17, 17a BetrVG).

C. Bestellung des Wahlvorstands im normalen Wahlverfahren

Die Bestellung des Wahlvorstands ist ein zentraler Schritt bei der Durchführung von Betriebsratswahlen. Die Bestellung sollte spätestens 10 Wochen vor Ablauf der Amtszeit des aktuellen Betriebsrats erfolgen (§ 16 Abs. 1 BetrVG).

27. Wer bestellt den Wahlvorstand, wenn ein Betriebsrat existiert?

Besteht im Betrieb bereits ein Betriebsrat, so bestellt dieser üblicherweise den Wahlvorstand, der die nächste Betriebsratswahl organisiert. Die Bestellung erfolgt in einer Sitzung durch Beschluss mit einfacher Mehrheit der anwesenden Mitglieder (§§ 16 Abs. 1, 33 Abs. 1 BetrVG). Der Betriebsrat muss folglich beschlussfähig sein. Einfache Stimmenmehrheit bei der Wahl reicht aus. Es findet kein förmliches Wahlverfahren statt. Über die Kandidaten für den Wahlvorstand kann einzeln oder zusammen abgestimmt werden.

Die Bestellung sollte spätestens zehn Wochen vor Ablauf der Amtszeit erfolgen (§ 16 Abs. 1 BetrVG), kann jedoch auch danach nachgeholt werden, solange keine gerichtliche Bestellung oder durch einen Gesamt- oder Konzernbetriebsrat erfolgt ist. Es empfiehlt sich daher unbedingt, den Wahlvorstand frühzeitig zu bestellen.

Die 10-Wochen-Frist wird rückwärts berechnet – und zwar vom Tag des Ablaufs der Amtszeit des aktuellen Betriebsrats zurück (§ 187ff. BGB). Das heißt, läuft die Amtszeit am Montag, den 13. 1., so ist der Wahlvorstand bis zum Freitag, den 1. 11. zu bestellen. Fällt das Fristende auf einen Samstag, Sonntag oder Feiertag, endet es am nächsten Werktag (§ 193 BGB).

Achtung:
Beim vereinfachten Verfahren gibt es kürzere Fristen – siehe dort Frage Nr. 35.

28. Wer bestellt den Wahlvorstand, wenn der Betriebsrat untätig ist?

Bleibt der Betriebsrat bis acht Wochen vor Amtsende untätig, können der Gesamt- oder Konzernbetriebsrat (§ 16 Abs. 3 BetrVG) oder, auf Antrag von drei wahlberechtigten Arbeitnehmer:innen oder einer Gewerkschaft, das Arbeitsgericht (§ 16 Abs. 2 BetrVG) den Wahlvorstand bestellen.
In Betrieben mit in der Regel mehr als 20 Arbeitnehmer:innen kann das Arbeitsgericht auch Mitglieder einer im Betrieb vertretenen Gewerkschaft zu Mitgliedern des Wahlvorstandes bestellen. Diese müssen keine Arbeitnehmer:innen des Betriebs sein, § 16 Abs. 2 Satz 3 BetrVG.
Ist die Entscheidung über die Bestellung durch das Arbeitsgericht noch nicht rechtskräftig, kann der »säumige« Betriebsrat (oder auch der Gesamt- oder Konzernbetriebsrat) die Bestellung noch nachholen. Das gerichtliche Verfahren wird dann eingestellt. Sobald aber die Amtszeit des Betriebsrats abgelaufen ist, kann die Bestellung nicht mehr über das Arbeitsgericht, sondern nur über eine Betriebsversammlung (§ 17 BetrVG) – da nach dem Ablauf der Amtszeit der Betrieb ja betriebsratlos ist – erfolgen.

29. Wie wird der Wahlvorstand in Betrieben ohne Betriebsrat bestellt?

Besteht ein Gesamt- oder Konzernbetriebsrat, so ist die Bestellung des Wahlvorstands für die Wahl eines örtlichen Betriebsrats durch diesen, formlos und fristlos möglich (§§ 16, 17 BetrVG). Im Übrigen erfolgt die Wahl des Wahlvorstands auf einer Betriebsversammlung durch Mehrheit der Anwesenden (§ 17 Abs. 2 BetrVG). Die Einladung dazu erfolgt durch drei Arbeitnehmer:innen oder durch eine Gewerkschaft (§ 17 Abs. 3 BetrVG). Eine im Betrieb vertretene Gewerkschaft, die zu einer Betriebsversammlung einladen will, darf den Betrieb betreten und Arbeitnehmer:innen aufsuchen, die als mögliche Kandidaten für den Wahlvorstand in Frage kommen.

30. Wie läuft diese Betriebsversammlung ab?

Besteht noch kein Betriebsrat, so kann der Wahlvorstand für die Organisation der Betriebsratswahlen in einer Betriebsversammlung gewählt werden. Die Einladung zur Betriebsversammlung ist über jegliche Kanäle möglich (E-Mail, Schwarzes Brett, Intranet). Wichtig ist, dass alle Beschäftigten Gelegenheit bekommen, von der Einladung Kenntnis zu erhalten. Die Wahl findet während der Arbeitszeit statt. Alle Arbeitnehmer:innen dürfen teilnehmen, außer leitende Angestellte (§ 5 Abs. 3 BetrVG). Eine bestimmte Mindestzahl ist nicht erforderlich.
Für die Wahl selbst gelten keinerlei Formvorschriften, eine geheime Wahl ist nicht nötig. Handaufheben reicht aus. Die Versammlungsleitung muss die Zahl der anwesenden Arbeitnehmer:innen der abgegebenen Stimmen dokumentieren. Auch nicht wahlberechtigte Beschäftigte können den Wahlvorstand wählen. Scheitert die Wahl, bestellt das Arbeitsgericht den Wahlvorstand (§ 17 Abs. 4 BetrVG).

31. Wie sollte sich der Wahlvorstand zusammensetzen?

Der Wahlvorstand besteht aus drei wahlberechtigten Arbeitnehmer:innen, die Zahl kann aber vom Betriebsrat erhöht werden (§ 16 Abs. 1 BetrVG), wenn dies erforderlich ist. Dies betrifft z. B. größere Betriebe, bei denen die Wahl in mehreren Wahlräumen durchgeführt werden muss. Denn die Wahlordnung verlangt, dass in jedem Wahlraum ein Mitglied des Wahlvorstands anwesend ist. Der Betriebsrat kann sich aber auch zu einer Erhöhung der Mitglieder entscheiden, wenn er bestimmte Gruppierungen berücksichtigen möchte (auch wenn er das nicht muss!): z. B. Frauen oder Männer, ausländische Arbeitnehmer:innen, verschiedene Betriebsabteilungen oder Beschäftigungsarten. Zu beachten ist aber immer, dass die Zahl der Mitglieder ungerade bleibt (§ 16 Abs. 1 Satz 3 BetrVG).
Ersatzmitglieder sollten bestellt werden (§ 16 Abs. 1 Satz 4 BetrVG). Ein Ersatzmitglied kann zeitweise einrücken, wenn das Wahlvorstandsmitglied nur zeitweise ausfällt, oder dauerhaft, wenn es ganz aus dem Wahlvorstand ausgeschieden ist.
Der Vorsitzende wird vom Betriebsrat oder in der ersten Sitzung des Wahlvorstands gewählt. Der Vorsitzende hat die Sitzungen des Wahlvorstandes

einzuberufen und zu leiten. Er hat im Rahmen der vom Wahlvorstand gefassten Beschlüsse die Vertretung gegenüber dem Arbeitgeber und anderen Personen. Er ist berechtigt, gegenüber dem Wahlvorstand abzugebende Erklärungen entgegenzunehmen und abzugeben.

32. Besteht für Wahlvorstandsmitglieder Kündigungsschutz?

Ja. Dies regelt § 15 Abs. 3 KSchG. Danach dürfen Wahlvorstandsmitglieder ab ihrer Bestellung bis zur Bekanntgabe des Wahlergebnisses nicht ordentlich gekündigt werden (Satz 1). Außerordentliche Kündigungen sind nur zulässig, wenn der Betriebsrat nach § 103 BetrVG zustimmt. Nach Bekanntgabe des Wahlergebnisses besteht der Kündigungsschutz sogar 6 Monate fort.

33. Muss der Betriebsrat oder der Wahlvorstand die Entsendung von Gewerkschaftsbeauftragten in den Wahlvorstand überprüfen?

Nach § 16 Abs. 1 Satz 6 BetrVG kann jede im Betrieb vertretene Gewerkschaft einen Beauftragten als nicht stimmberechtigtes Mitglied in den Wahlvorstand entsenden. Der Wahlvorstand ist verpflichtet, der Gewerkschaft Auskunft über die Mitglieder des Wahlvorstandes zu geben, denn nur, wenn kein Mitglied der Gewerkschaft angehört, kann (muss aber nicht!) die Gewerkschaft einen Beauftragten entsenden. Der Wahlvorstand hat zu prüfen, ob die Voraussetzungen für ein Entsendungsrecht vorliegen, z.B. ob es sich um eine tariffähige Gewerkschaft i.S.v. § 2 BetrVG handelt, ob eine Bevollmächtigung vorliegt und ob der Bevollmächtigte wahlberechtigter Arbeitnehmer:in ist. Der Betriebsrat oder der Wahlvorstand sind aber nicht verpflichtet, die Gewerkschaft auf ihr Entsendungsrecht hinzuweisen.
Der Gewerkschaftsbeauftragte hat das Recht, an den Sitzungen des Wahlvorstandes teilzunehmen, ist jedoch nicht stimmberechtigt und kann keine Anträge stellen.

D. Bestellung des Wahlvorstands im vereinfachten Wahlverfahren

Die Regelungen zur Bestellung des Wahlvorstands im vereinfachten Verfahren unterscheiden sich vom normalen Verfahren – beispielsweise gelten kürzere Fristen. In Betrieben ohne Betriebsrat übernimmt die Wahlversammlung eine zentrale Rolle.

34. Wer bestellt den Wahlvorstand in Betrieben mit Betriebsrat?

Der amtierende Betriebsrat bestellt den Wahlvorstand (§ 16 Abs. 1 BetrVG). Dafür ist ein Beschluss in einer Betriebsratssitzung nötig. Eine einfache Stimmenmehrheit der anwesenden Mitglieder reicht aus, solange der Betriebsrat beschlussfähig ist (mindestens die Hälfte der Mitglieder ist anwesend oder zugeschaltet). Es findet für die Wahl des Wahlvorstands kein förmliches Wahlverfahren statt. Über die vorgeschlagenen Kandidaten kann einzeln oder insgesamt abgestimmt werden.

35. Wann muss der Wahlvorstand bestellt werden?

Spätestens vier Wochen vor Ablauf der Amtszeit (§ 17a Nr. 1 BetrVG). Da diese Frist kürzer ist als im normalen Verfahren (zehn Wochen), ist es ratsam, den Wahlvorstand etwas früher zu bestellen, besonders bei unerfahrenen Mitgliedern.
Für die Berechnung der Fristen gelten die §§ 187 ff. BGB. Die Frist muss rückwärts berechnet werden. Der Tag des Ablaufs der Amtszeit des Betriebsrats als fristauslösendes Ereignis wird nicht mitgerechnet (§ 187

Abs. 1 BGB). Das Fristende – vier Wochen zurückgerechnet – liegt an dem Wochentag vor dem fristauslösenden Ereignis (§ 188 Abs. 2 BGB); endet die Amtszeit also am Freitag, den 22.4., dann ist der Wahlvorstand zu bestellen bis zum 24.3. Fällt das Fristende auf einen Samstag, Sonntag oder Feiertag, endet die Frist erst am nächsten Werktag.

36. Wer übernimmt die Bestellung, wenn der Betriebsrat untätig bleibt?

Wer die Bestellung übernimmt, bestimmt sich wie folgt:

- drei Wochen vor Ablauf der Amtszeit: Gesamt- oder Konzernbetriebsrat (§§ 16 Abs. 3, 17a Nr. 1 BetrVG).
- Wenn diese nicht handeln: Das Arbeitsgericht auf Antrag von drei wahlberechtigten Arbeitnehmer:innen oder einer Gewerkschaft (§§ 16 Abs. 2, 17a Nr. 1 BetrVG).

37. Kann das Arbeitsgericht Gewerkschaftsmitglieder als Wahlvorstand bestellen?

Ja, auch Gewerkschaftsmitglieder, die keine Arbeitnehmer:in des Betriebs sind, können bestellt werden (§§ 16 Abs. 2 Satz 3, 17a BetrVG).

38. Kann der Betriebsrat seine Bestellung nachholen?

Ja, solange die gerichtliche Entscheidung noch nicht rechtskräftig ist (§ 16 Abs. 2 BetrVG).

39. Wer bestellt den Wahlvorstand in Betrieben ohne Betriebsrat, aber mit Gesamt- oder Konzernbetriebsrat?

Der Gesamt- oder Konzernbetriebsrat übernimmt die Bestellung formlos (§§ 17 Abs. 1, 16 Abs. 1 BetrVG).

40. Wie viele Mitglieder hat der Wahlvorstand?

Der Wahlvorstand besteht aus 3 Mitgliedern (§ 29 WO, § 17a Nr. 2 BetrVG). Sie müssen wahlberechtigte Arbeitnehmer:innen sein, aber nicht zwingend für den Betriebsrat wählbar. Die Zahl kann – im Gegensatz zum normalen Verfahren – nicht erhöht werden.

> **Hinweis:**
> Umgekehrt ist es nicht Voraussetzung, dass die Wahlvorstandsmitglieder auch für den Betriebsrat wählbar (§ 8 BetrVG) sind. Sie können also auch 16 Jahre alt sein oder weniger als 6 Monate im Betrieb sein. Mögliche Wahlvorstandsmitglieder können auch Mitglieder des amtierenden Betriebsrats und Bewerber:innen für den neu zu wählenden Betriebsrat sein.

41. Wer wird Vorsitzender des Wahlvorstandes?

Der Betriebsrat bestimmt den Vorsitzenden. Falls das versäumt wird, wählt der Wahlvorstand den Vorsitzenden in der ersten Sitzung.

42. Was passiert, wenn der Wahlvorstand nicht vollständig ist?

Fällt die Mitgliederzahl unter drei, muss der Betriebsrat den Wahlvorstand ergänzen. Falls dies nicht geschieht, erfolgt die Ergänzung auf Antrag durch das Arbeitsgericht.

43. Wie wird der Wahlvorstand in Betrieben ohne Betriebsrat gewählt?

In einer Wahlversammlung, zu der mindestens 3 wahlberechtigte Arbeitnehmer:innen oder eine Gewerkschaft einladen (§§ 17 Abs. 3, 17a Nr. 3 BetrVG). Die Wahl erfordert die Mehrheit der anwesenden Arbeitnehmer:innen, eine förmliche Wahl ist nicht nötig (Handzeichen reicht).

44. Was passiert, wenn keine Wahl auf der Wahlversammlung zustande kommt?

Das Arbeitsgericht bestellt den Wahlvorstand (§§ 17a Nr. 4, 17 Abs. 4 BetrVG), vorausgesetzt, die Einladung zur Versammlung war ordnungsgemäß.

45. Wer kann zur Wahlversammlung einladen, bei der der Wahlvorstand gewählt werden soll?

Drei wahlberechtigte Arbeitnehmer:innen oder eine im Betrieb vertretene Gewerkschaft, §§ 17 Abs. 3, 17a Nr. 3 Satz 2 BetrVG, § 28 WO. Möglich ist auch, dass beide einladen.
Eine im Betrieb vertretene Gewerkschaft, die zu einer Wahlversammlung einladen will, darf den Betrieb betreten und Arbeitnehmer:innen aufsuchen, die als mögliche Kandidaten für den Wahlvorstand in Frage kommen. Der Arbeitgeber hat der Gewerkschaft Namen und Adressen der Arbeitnehmer:innen zu geben, damit diese ordnungsgemäß eingeladen werden können.

46. Ist eine bestimmte Frist für die Einladung zur Wahlversammlung einzuhalten?

Ja, im Gegensatz zum normalen Verfahren ist eine Frist einzuhalten. Nach § 28 Abs. 1 Satz 2 WO muss die Einladung mindestens sieben Tage vor der Wahlversammlung erfolgen.

47. Was muss die Einladung zur Wahlversammlung enthalten?

Die Einladung muss folgende Informationen enthalten: den Zweck der Versammlung, nämlich die Wahl eines Wahlvorstands, sowie Ort, Tag und Zeit der Wahlversammlung (§ 28 Abs. 1a) WO). Außerdem ist darauf hinzuweisen, dass Wahlvorschläge bis zum Ende der Wahlversammlung gemacht werden können (§ 28 Abs. 1b) WO) und dass diese von mindestens zwei Wahlberechtigten unterzeichnet sein müssen (in Betrieben mit bis zu 20 Arbeitnehmern:innen ist keine Unterzeichnung erforderlich, § 28 Abs. 1c) WO). Wahlvorschläge, die erst während der Versammlung eingebracht werden, bedürfen keiner Schriftform (§ 28 Abs. 1d) WO).

48. Hat der Arbeitgeber ein Teilnahmerecht an der Wahlversammlung?

Nein, der Arbeitgeber hat kein Teilnahmerecht. Er muss jedoch bereit sein, falls der Wahlvorstand weitere Angaben zur Erstellung der Wählerliste benötigt, die über die bereits ausgehändigten Unterlagen hinausgehen.

49. Was sind die Anforderungen an die Wahlversammlung, bei der der Wahlvorstand gewählt wird?

Die Wahlversammlung findet grundsätzlich während der Arbeitszeit statt (§ 44 BetrVG). Ist dies für alle Arbeitnehmer:innen, etwa aufgrund eines Schichtbetriebs, nicht möglich, genügt eine rechtzeitige Information über Zeit und Lage der Versammlung. An der Wahlversammlung dürfen alle Arbeitnehmer:innen teilnehmen, auch die nicht wahlberechtigten. Leitende Angestellte sind jedoch ausgeschlossen (§ 5 Abs. 3 BetrVG, § 29 WO).

Hinweis:
Eine bestimmte Mindestanzahl von Teilnehmern ist nicht erforderlich. Die einladende Stelle eröffnet die Versammlung, schlägt eine Versammlungsleiterin oder einen Versammlungsleiter vor oder benennt einen aus den eigenen Reihen. Zwar können auch anwesende Arbeitnehmer:innen Vorschläge zur Wahl des Wahlvorstands machen, es ist jedoch sinnvoll, dass sich die Einladenden im Vorfeld Gedanken über die Zusammensetzung des Wahlvorstands machen.

50. Wie wird der Wahlvorstand auf der Wahlversammlung gewählt?

Der Wahlvorstand wird mit der Mehrheit der anwesenden Arbeitnehmer:innen gewählt (§ 29 WO). Es reicht nicht, lediglich die Mehrheit der abgegebenen Stimmen zu haben. Eine förmliche oder geheime Wahl ist nicht erforderlich; das Handheben genügt. Die Versammlungsleitung muss die Anzahl der anwesenden Arbeitnehmer:innen und der abgegebenen Stimmen dokumentieren. Auch nicht wahlberechtigte Arbeitnehmer:innen, beispielsweise unter 16 Jahren, können den Wahlvorstand wählen, nicht jedoch leitende Angestellte (§ 5 Abs. 3 BetrVG).

51. Was ist, wenn die Wahl des Wahlvorstands auf der Wahlversammlung scheitert?

Scheitert die Wahl des Wahlvorstands, etwa weil keine Wahlversammlung zustande kommt oder kein Wahlvorstand gewählt wird, kann das Arbeitsgericht den Wahlvorstand bestellen (§§ 17a Nr. 4, 17 Abs. 4 BetrVG). Der Grund für das Scheitern ist unerheblich, solange eine ordnungsgemäße Einladung gemäß § 28 WO erfolgt ist.

E. Wahlberechtigung – Wer darf wählen?

Wahlberechtigt sind grundsätzlich alle Beschäftigten eines Betriebs ab 16 Jahren, die in die betriebliche Organisation eingegliedert sind – unabhängig von der Dauer der Betriebszugehörigkeit oder dem genauen Einsatzort. Mitwählen dürfen auch Beschäftigte im Homeoffice, Leiharbeitnehmer:innen und viele mehr. Geschäftsführer und leitende Angestellte dürfen nicht mitwählen.

52. Wer ist wahlberechtigt?

Wahlberechtigt sind alle Beschäftigten eines Betriebs, die das 16. Lebensjahr vollendet haben (§ 7 BetrVG). Zusätzlich müssen sie in die **Wählerliste** eingetragen sein (§ 2 Abs. 3 WO). Allerdings ist nicht immer klar, wer Beschäftigter im Sinne des Gesetzes ist. Oft wird angenommen, dass nur Personen mit einem Arbeitsvertrag dazu gehören. Entscheidend ist jedoch nicht der formale Arbeitsvertrag, sondern die organisatorische **Eingliederung** in den Betrieb. Wer den Weisungen des Arbeitgebers unterliegt, in dem gewählt wird, gilt als eingegliedert und ist daher wahlberechtigt. Das können beispielsweise auch Leiharbeitnehmer:innen sein (siehe Frage Nr. 62).

> **Hinweis:**
> Die Wählerliste ist formale Voraussetzung für das Wahlrecht. Fehlt ein Wahlberechtigter unberechtigterweise in der Wählerliste, kann diese aber innerhalb bestimmter Fristen (siehe Fragen Nr. 129 und 130) korrigiert werden.

53. Was gilt, wenn jemand bereits einen Arbeitsvertrag unterschrieben hat, aber noch nicht mit der Arbeit begonnen hat?

Grundsätzlich setzt die Wahlberechtigung voraus, dass das Arbeitsverhältnis tatsächlich aufgenommen wurde. Wurde ein Arbeitsvertrag zwar abgeschlossen, der vereinbarte Arbeitsbeginn liegt jedoch nach dem Wahltag, besteht kein Wahlrecht. Maßgeblich ist der Zeitpunkt, an dem die Arbeit tatsächlich aufgenommen werden soll und auch tatsächlich aufgenommen wird.

54. Was passiert, wenn jemand nicht in der Wählerliste steht?

Die Eintragung in die Wählerliste ist zwar gemäß § 2 Abs. 3 WO eine Voraussetzung für die Wahlberechtigung – ohne diesen Eintrag ist eine Teilnahme an der Wahl nicht möglich. Allerdings ist die rechtliche Wahlberechtigung nicht unmittelbar an den Eintrag in der Wählerliste gebunden. Sollte also eine Person, die organisatorisch zum Betrieb gehört, nicht in der Liste aufgeführt sein, kann gegen die Wählerliste Einspruch erhoben werden (siehe dazu Fragen Nr. 129 ff.). Die Wählerliste ist dann entsprechend zu korrigieren.

55. Was passiert, wenn jemand erst kurze Zeit im Betrieb ist?

Das ist unerheblich. Die Dauer der Betriebszugehörigkeit hat keinen Einfluss auf die Wahlberechtigung. Auch wer seine Tätigkeit kurz vor dem Wahltermin aufgenommen hat und in den Betrieb »eingegliedert« ist, darf wählen. Anders sieht es jedoch bei der Wählbarkeit in den Betriebsrat aus: Hier ist eine Betriebszugehörigkeit von mindestens sechs Monaten erforderlich, um für das Amt kandidieren zu können.

56. Elternzeit?

Zwar ruhen die arbeitsvertraglichen Pflichten des Beschäftigten für die Dauer der Elternzeit. Zudem ist die tatsächliche Bindung zum Betrieb nicht mehr so gegeben. Der Arbeitsvertrag besteht aber fort. Wer in Elternzeit ist, kann mitwählen. Da er voraussichtlich nicht persönlich an der Wahl teilnehmen kann, muss der Wahlvorstand den Beschäftigten in Elternzeit die Briefwahlunterlagen unaufgefordert zusenden (§ 24 Abs. 2 WO).

57. Urlaub?

Wer urlaubsbedingt abwesend ist, kann selbstverständlich mitwählen. Denn an der Eingliederung in den Betrieb ändert sich durch den Urlaub nichts. Wer im Urlaub ist, sollte die Möglichkeit der Briefwahl nutzen. Briefwahl muss – mündlich oder schriftlich – beim Wahlvorstand beantragt werden. Im Falle des Urlaubs muss der Wahlvorstand die Briefwahlunterlagen (anders als bei Elternzeit oder längerer Krankheit) nicht unaufgefordert zusenden, sofern der Urlaub nicht im vorhinein absehbar ist (§ 24 Abs. 1 WO).

58. Homeoffice?

Wer mobil oder im Homeoffice arbeitet, ist berechtigt, an der Betriebsratswahl teilzunehmen, sofern er nicht nur als freier Mitarbeiter tätig, sondern in die betriebliche Organisation »eingegliedert« ist und den Weisungen des Arbeitgebers unterliegt, in dem die Wahl stattfindet. Ist im vorhinein absehbar, dass der mobil Beschäftigte am Tag der Wahl nicht vor Ort im Betrieb sein wird, muss der Wahlvorstand die Wahlunterlagen unaufgefordert zusenden (§ 24 Abs. 2 WO).

59. Krankheit?

Auch wer lange Zeit erkrankt ist, verliert dadurch nicht seine Wahlberechtigung. Er ist wahlberechtigt und kann – per Briefwahl – mitwählen.

Sofern im vorhinein absehbar ist, dass er nicht persönlich an der Wahl teilnimmt, muss der Wahlvorstand ihm die Briefwahlunterlagen unaufgefordert zusenden (§ 24 Abs. 2 WO).

60. Befristet Beschäftigte oder Teilzeitbeschäftigte?

Befristet Beschäftigte und Teilzeitbeschäftigte gehören selbstverständlich zum Betrieb und dürfen wählen. Dabei spielt es keine Rolle, wie viel sie täglich, wöchentlich oder monatlich arbeiten. Auch geringfügige Tätigkeiten, wie die Arbeit von Reinigungskräften, beeinträchtigen das Wahlrecht nicht – selbst dann nicht, wenn keine Sozialversicherungspflicht besteht. Sortierer, Packer und andere Abrufkräfte, die unregelmäßig (z. B. zwei- bis dreimal pro Woche für drei bis fünf Stunden) arbeiten und ihre Arbeitstage selbst bestimmen können, sind ebenfalls wahlberechtigt.
Arbeitslose, die im Rahmen eines Job-Rotation-Programms eingestellt werden, um beruflich weiterbildende Mitarbeiter:innen zu vertreten, sind ebenfalls wahlberechtigt.

61. Dienst- oder Werkvertragsarbeiter?

Für die Wahlberechtigung ist ein formeller Arbeitsvertrag nicht nötig. Maßgeblich ist, ob die Person in die Arbeitsorganisation des Betriebs eingegliedert ist und den Weisungen des Betriebsarbeitgebers unterliegt. Daher können auch Werk- oder Dienstvertragsarbeitnehmer:innen oder freie Mitarbeiter wahlberechtigt sein, sofern sie in den Betrieb eingegliedert sind. Letztlich kommt es auf die tatsächlichen Umstände an. Für Leiharbeitnehmer:innen hat der Gesetzgeber durch § 14 Arbeitnehmerüberlassungsgesetz die Wahlberechtigung geklärt (siehe dazu Frage Nr. 62).

62. Leiharbeitnehmer:innen?

Leiharbeitnehmer:innen sind im Beschäftigungsbetrieb im Prinzip wahlberechtigt (§ 14 Abs. 2 Arbeitnehmerüberlassungsgesetz – AÜG). Dazu ist erforderlich, dass ihr Einsatz als Leiharbeitnehmer:in zum Zeitpunkt der

Wahl für mindestens drei Monate geplant ist. Daher ist auch wahlberechtigt, wer als Leiharbeitnehmer:in erst kurze Zeit beschäftigt ist, sofern sein Einsatz noch mindestens drei Monate dauern wird. Dafür ist eine Prognoseentscheidung nötig, um die geplante Dauer des Einsatzes des Leiharbeitnehmers zu bestimmen.

Häufig werden Leiharbeitnehmer:innen sowohl im entleihenden Betrieb als auch im Einsatzbetrieb wahlberechtigt sein, sofern die Voraussetzungen des § 7 Satz 2 BetrVG vorliegen. Mit dem Recht der Leiharbeitnehmer:innen, die betriebliche Arbeitnehmervertretung durch Wahl zu legitimieren, ergibt sich zugleich der Auftrag für den Betriebsrat, die Interessen auch dieser Beschäftigtengruppe umfassend zu vertreten.

63. Altersteilzeit: Wahlrecht während der Arbeits- und Freistellungsphase?

Für Beschäftigte, die Altersteilzeit im Blockmodell in Anspruch nehmen, ist zwischen der Arbeitsphase und der Freistellungsphase zu unterscheiden. Während der Arbeitsphase besteht Wahlberechtigung, da der Beschäftigte weiterhin in den Betriebsablauf integriert ist und alle Rechte und Pflichten eines Beschäftigten wahrnimmt.

In der Freistellungsphase hingegen entfällt das Wahlrecht gemäß der Rechtsprechung des BAG. Dies erscheint nachvollziehbar, da der Beschäftigte in dieser Phase keine Arbeitsleistung mehr erbringt und nicht mehr Teil der betrieblichen Organisation ist. Anders als bei ruhenden Arbeitsverhältnissen wie Elternzeit ist zudem keine Rückkehr in den Betrieb vorgesehen.

64. Schüler, Praktikanten, Studenten?

Schüler, Volontäre und Praktikanten sind wahlberechtigt, wenn sie in den Betrieb eingegliedert sind und es nicht nur um die Vermittlung von Wissen geht. Studenten, die während der Semesterferien im Betrieb tätig und in die betriebliche Arbeitsorganisation langfristig eingegliedert sind, können wählen.

Bei Praktikanten kommt es auf die Ausgestaltung an, ob die Personen faktisch in den Betrieb eingegliedert sind.

65. Ins Ausland entsandt?

Bei Beschäftigten, die vorübergehend ins Ausland entsandt wurden, kommt es für die Wahlberechtigung darauf an, ob sie noch in dem inländischen Betrieb »eingegliedert« sind. Dabei sind die Gesamtumstände zu würdigen. Nach Auffassung des BAG verliert ein ständig zu einer Auslandsvertretung des Betriebs entsandter Beschäftigter das Wahlrecht zum Betriebsrat des inländischen Betriebs auch dann, wenn für sein Arbeitsverhältnis weiterhin das deutsche Arbeitsrecht maßgebend ist. Andererseits kann nach Meinung des BAG selbst bei einer Einstellung ausschließlich für den Auslandseinsatz das aktive Wahlrecht gegeben sein, wenn das Aufgabengebiet zur betrieblichen Arbeitsorganisation gehört.

66. Ausbildungsbetriebe?

Das BAG verneint die Wahlberechtigung von Auszubildenden in reinen Ausbildungsbetrieben. Sie seien – so das Gericht – nicht als Arbeitnehmer:innen im Sinne des § 5 BetrVG anzusehen und seien deshalb nicht wahlberechtigt. Eine Mitarbeit von Auszubildenden im Ausbildungsbetrieb kann – solange es sich nur um sog. Hilfsfunktionen handelt – nicht zu einer Eingliederung und damit zu einer Wahlberechtigung dieser Auszubildenden führen (BAG 16.11.2011 – 7 ABR 48/10).

67. Gekündigt?

Gekündigte Arbeitnehmer und Arbeitnehmerinnen sind während der Kündigungsfrist wahlberechtigt. Das gilt für ordentliche und außerordentliche Kündigungen. Es gilt auch, wenn sie während der Kündigungsfrist von der Arbeit freigestellt sind.
Werden sie während des Kündigungsrechtsstreites weiterbeschäftigt, sind sie ebenfalls wahlberechtigt. Ohne Weiterbeschäftigung nach Ablauf der Kündigungsfrist sind sie nicht mehr wahlberechtigt.

68. Was ist, wenn jemand in mehreren Betrieben arbeitet?

Arbeitet ein Beschäftigter in mehreren Betrieben und ist er jeweils in die betriebliche Organisation eingegliedert, ist er in allen Betrieben wahlberechtigt. Es spielt dabei keine Rolle, ob er in mehreren Arbeitsverhältnissen zu verschiedenen Arbeitgebern steht oder ob die verschiedenen Betriebe dem gleichen Konzern angehören. Im letzteren Falle ist es nicht erheblich, ob die Bindung an einen bestimmten Betrieb stark überwiegt. Ebenso verhält es sich bei Vorgesetzten, die keine leitende Funktion haben, die auf Grund einer Matrixorganisation in mehreren Betrieben eingesetzt werden.

69. Matrix-Manager?

Betriebsräte und Wahlvorstände sehen sich immer häufiger mit Organisationsformen in Unternehmen konfrontiert, die Entscheidungsebenen schaffen, welche durch die rechtliche Struktur des Unternehmens nicht abgebildet werden können. Diese sogenannten Matrixorganisationen finden sich vor allem in international tätigen Konzernen. Ihr Ziel ist es, die Berichtslinien an Produkten oder anderen betrieblichen Anforderungen auszurichten, statt an den rechtlichen Vorgaben. Herausforderungen entstehen insbesondere dann, wenn Vorgesetzte aus anderen Konzernunternehmen fachliche oder sogar disziplinarische Weisungsbefugnis erhalten, ohne in einem direkten Arbeitsverhältnis zu stehen. In den meisten Fällen haben bisher die Gerichte entschieden, dass die arbeitsvertragliche Zuordnung und damit letztlich der »Stammbetrieb« maßgeblich für die Zuordnung der Matrix-Führungskräfte ist. Es ist im Grundsatz damit nicht möglich, dass Matrix-Führungskräfte in mehreren Betrieben wahlberechtigt sind.

70. Führungskräfte?

Es kommt darauf an. Geschäftsführer:innen und Vorstandsmitglieder sind nicht wahlberechtigt. Auch sogenannte »leitende Angestellte« sind von der

Wahl ausgeschlossen. Allerdings ist oft unklar, wer dazu zählt. Nicht jeder Abteilungsleiter oder Abteilungsleiterin ist automatisch »leitender Angestellter«. Gemäß § 5 Abs. 3 BetrVG gehören dazu nur Personen, die

- zur selbständigen Einstellung und Entlassung von Beschäftigten berechtigt sind und/oder
- Generalvollmacht oder Prokura haben und/oder
- Regelmäßig Aufgaben wahrnehmen die von besonderer Bedeutung sind.

Leitende Angestellte wählen ihre eigene betriebliche Interessenvertretung, den Sprecherausschuss nach dem Sprecherausschussgesetz (SprAuG).
Die Rechtsprechung legt diese Kriterien relativ eng aus.

F. Wählbarkeit – Wer darf in den Betriebsrat gewählt werden?

Die Wahl in den Betriebsrat ist an bestimmte Voraussetzungen geknüpft (§ 8 BetrVG). Neben einer Mindestzugehörigkeit von sechs Monaten zum Betrieb und dem Erreichen des 18. Lebensjahres spielen viele weitere Faktoren eine Rolle. Leiharbeitnehmer:innen dürfen im Einsatzbetrieb nicht gewählt werden, und Beschäftigte in Altersteilzeit sind ebenfalls ausgeschlossen.

71. Wer ist in den Betriebsrat wählbar?

Wer sich in den Betriebsrat wählen lassen will, muss wahlberechtigt sein, d. h. das aktive Wahlrecht besitzen. So verlangt es § 8 BetrVG. Zudem muss derjenige spätestens am letzten Tag der Betriebsratswahl (also dem Tag der Stimmabgabe) 18 Jahre alt sind. Damit gilt eine unterschiedliche Altersgrenze für das aktive (16 Jahre) und das passive Wahlrecht (18 Jahre). Außerdem kann nur in den Betriebsrat gewählt werden, wer dem Betrieb mindestens sechs Monate angehört hat. Weitere formale Voraussetzung ist, dass der zu wählende Kandidat oder die Kandidatin in die Wählerliste eingetragen wird.

72. Wahlberechtigung als Voraussetzung?

Wer in den Betriebsrat gewählt werden will, muss nach § 8 BetrVG die Wahlberechtigung – also das aktive Wahlrecht nach § 7 BetrVG – haben. Wahlberechtigt ist in der Regel, wer in die Organisation des Betriebs eingegliedert ist, in dem gewählt werden soll und wer das 16. Lebensjahr vollendet hat. Organisatorisch eingegliedert ist jeder, der den Weisungen des Arbeitgebers unterliegt, in dessen Betrieb gewählt wird. Siehe dazu Kapitel E. »Wer darf wählen?«

73. Betriebszugehörigkeit von sechs Monaten?

Für die Wählbarkeit zum Betriebsrat ist eine sechsmonatige Betriebszugehörigkeit erforderlich. Die Mindestdauer soll gewährleisten, dass nur solche Arbeitnehmer oder Arbeitnehmerinnen in den Betriebsrat gewählt werden, die einen gewissen Überblick über die betrieblichen Verhältnisse erworben haben.

Findet die Betriebsratswahl an mehreren Tagen statt, ist für die Berechnung der Dauer auf den letzten Wahltag abzustellen. Es ist nach überwiegender Meinung nicht entscheidend, ob der Beschäftigte während der vorherigen Betriebszugehörigkeit in Teilzeit oder Vollzeit gearbeitet hat. Zeiten, in denen der Kandidat oder die Kandidatin in anderen Betrieben desselben Unternehmens oder Konzerns gearbeitet hat, können unter Umständen angerechnet werden.

Folgende Zeiten werden für die Betriebszugehörigkeit angerechnet:

- Zeiten vor Vollendung des 18. Lebensjahres
- Zeiten in Teilzeitarbeit
- Tätigkeiten in einem anderen Betrieb innerhalb des Konzerns. Der Übergang muss nicht nahtlos sein; ein zeitlicher Zusammenhang genügt.
- Tätigkeiten als Leiharbeitnehmer:in, sofern der Beschäftigte nahtlos in den Betrieb wechselt, in dem gewählt wird.
- Zeiten während der Kündigung: Ein gekündigter Mitarbeiter gilt so lange als betriebsangehörig, bis rechtskräftig festgestellt ist, dass die Kündigung wirksam war.
- Zeiten von Wehrdienst, Zivildienst oder Bundesfreiwilligendienst werden angerechnet, sofern rechtlich anerkannt.
- Zeiten von Krankheit und Urlaub
- Zeiten vor Betriebsinhaberwechsel, sofern das Arbeitsverhältnis nahtlos übergeht (§ 613a BGB).

74. Betriebszugehörigkeit in Teilzeit?

Wählbar ist auch, wer die erforderliche Beschäftigungszeit von sechs Monaten in Teilzeit absolviert hat. Nicht erforderlich ist nach dem Betriebsverfassungsgesetz eine Mindestdauer der wöchentlichen Beschäftigung im Betrieb (anders es das für die Personalratswahlen im Bund anwendbare Bundespersonalvertretungsgesetz vorsieht). Es reicht damit aus, dass jemand in Teilzeit (egal mit welcher Stundenzahl) die erforderlichen sechs Monate im Betrieb tätig war.

75. Betriebszugehörigkeit bei neu gegründetem Betrieb?

In neu gegründeten Betrieben, die noch keine sechs Monate existieren, entfällt die Mindestdauer der Betriebszugehörigkeit. Hier können alle Beschäftigten unabhängig von der Dauer ihrer Zugehörigkeit gewählt werden. Diese Regelung gilt jedoch nicht, wenn ein Betrieb auf einen neuen Arbeitgeber übergeht. In solchen Fällen bleibt die Anforderung der sechsmonatigen Betriebszugehörigkeit erhalten, da der Betrieb rechtlich als derselbe gilt. Auch bei einer Eingliederung in einen anderen Betrieb bleibt die vorherige Zugehörigkeit anrechenbar

76. Betriebszugehörigkeit bei Arbeitsunterbrechung?

Wenn ein Arbeitsverhältnis rechtlich beendet wird, beginnt die sechsmonatige Frist der Betriebszugehörigkeit in der Regel von vorn. Dies gilt insbesondere, wenn die Unterbrechung mehrere Monate gedauert hat, etwa durch Arbeitslosigkeit oder einen neuen Vertrag bei einem anderen Arbeitgeber. Eine kleinliche Betrachtung ist aber nach überwiegender Meinung hier unangebracht.
Kurzfristige Unterbrechungen des Arbeitsverhältnisses – etwa witterungsbedingter Art oder wegen Auftragsmangels – gelten hingegen als unproblematisch, wenn von Anfang an feststand, dass das Arbeitsverhältnis fortgesetzt wird. Solche Fälle werden als Einheit betrachtet. Unterbrechungen von bis zu zwei Monaten werden oft als unschädlich angesehen. In diesen

Fällen wird meist die Zeit der Unterbrechung zwar nicht mitgezählt, die vorherigen und nachfolgenden Zeiten werden jedoch zusammengerechnet. In diesen Fällen muss daher nicht von vorn gerechnet werden für die sechsmonatige Betriebszugehörigkeit.

77. Betriebszugehörigkeit als Leitender Angestellter?

Zeiten, in denen ein Kandidat oder eine Kandidatin als leitender Angestellter nach § 5 Abs. 3 BetrVG tätig war, zählen zur sechsmonatigen Betriebszugehörigkeit. Das ist relevant, wenn sich die Betriebsstrukturen ändern und ein Beschäftigter dadurch seine Stellung als leitender Angestellter verliert. Solche Fälle sind selten, aber möglich, wenn beispielsweise neue Leitungsfunktionen entstehen.

78. Eintragung in die Wählerliste?

Zusätzliche formelle Voraussetzung für die Wählbarkeit ist die Eintragung in die Wählerliste (§ 2 Abs. 3 WO). Aber: Die Eintragung in die Wählerliste allein genügt nicht zur Ausübung des passiven Wahlrechts, wenn die sonstigen Voraussetzungen fehlen.

79. Spezialfälle: Können die folgenden Personengruppen in den Betriebsrat gewählt werden?

- **Leiharbeitnehmer:in?**
  Nein. Echte Leiharbeitnehmer:innen, die nach AÜG überlassen wurden, haben nur das aktive Wahlrecht, d. h. sie dürfen den Betriebsrat mitwählen, sofern die Voraussetzungen des § 14 AÜG vorliegen. Das passive Wahlrecht haben sie nicht, sie dürfen sich daher nicht wählen lassen.
- **Konzern-Leiharbeitnehmer:in?**
  Ja. Sofern es sich um Leiharbeitnehmer:innen handelt, die von demselben Konzern überlassen werden, dem der Betrieb angehört, fallen sie nicht unter das AÜG und haben daher das passive Wahlrecht.

- **Beschäftigte in Altersteilzeit?**
  Ein in Altersteilzeit befindlicher Arbeitnehmer oder Arbeitnehmerin ist zwar wahlberechtigt, wenn die Altersteilzeit in der Form des sog. Blockmodells vollzogen wird, aber nicht wählbar. Er kann daher nicht kandidieren.
- **Beschäftigte in mehreren Betrieben des Arbeitgebers?**
  Ja. Sie dürfen sich in mehreren Betrieben in den Betriebsrat wählen lassen.
- **Arbeitnehmer:in in Elternzeit**
  Ja. Sie dürfen sich wählen lassen.
- **Wehrdienstleistende?**
  Ja. Sie dürfen sich wählen lassen.
- **Auszubildende?**
  Auszubildende sind wählbar, wenn sie spätestens am letzten Tag der Stimmabgabe mindestens 18 Jahre alt sind und die weiteren Voraussetzungen des § 8 BetrVG erfüllen. Für die erforderliche sechsmonatige Betriebszugehörigkeit zählen auch die Zeiten, die Auszubildende vor ihrem 18. Geburtstag im gleichen Betrieb oder in einem anderen Betrieb desselben Unternehmens oder Konzerns verbracht haben. Sollte eine Person gewählt werden, die das Mindestalter noch nicht erreicht hat, entfällt ein möglicher Anfechtungsgrund, wenn die Person 18 Jahre alt wird, bevor die Wahl rechtskräftig für ungültig erklärt oder ihre Nichtwählbarkeit gerichtlich festgestellt wird.
- **Im Ausland tätige Beschäftigte?**
  Ins Ausland entsandte Beschäftigte sind wählbar, wenn ansonsten die Voraussetzungen des § 8 BetrVG (s. o. Frage Nr. 71) vorliegen. Die Wählbarkeit ist allerdings nicht gegeben, wenn der Beschäftigte von vornherein nur für eine einmalige befristete Tätigkeit im Ausland eingestellt wird oder ein neues ablösendes Arbeitsverhältnis im Ausland begründet wird.
- **Ausländische Beschäftigte?**
  Ausländische Beschäftigte sind ohne Einschränkung wählbar, sofern die sonstigen Voraussetzungen für das passive Wahlrecht gegeben sind. Eine Beschränkung der Wählbarkeit auf Arbeitnehmer:innen aus Mitgliedstaaten der EU – wie sie früher bestand – besteht nicht mehr.
- **Gekündigte Beschäftigte?**

Wer gekündigt ist, ist wählbar, wenn die Kündigungsfrist vor dem Wahltag noch nicht abgelaufen ist oder die Kündigungsfrist zwar abgelaufen ist, der Beschäftigte aber eine Kündigungsschutzklage eingereicht hat. Wird der gekündigte Beschäftigte gewählt, gilt er bis zur rechtskräftigen Entscheidung im Kündigungsschutzprozess als »verhindert«. Für diesen Zeitraum rückt für ihn ein Ersatzmitglied (§ 25 BetrVG) in den Betriebsrat nach. Stellt sich nach der Wahl die Unwirksamkeit der Kündigung heraus, entfällt der Verhinderungsgrund. Das gewählte Betriebsratsmitglied kann sein Betriebsratsamt wieder ausüben.

- **Aus Betriebsrat ausgeschlossene Beschäftigte?**
  Wer nach § 23 Abs. 1 BetrVG aus dem (vorherigen) Betriebsrat aus bestimmten Gründen ausgeschlossen wurde, kann sich wieder aufstellen lassen und ist wählbar.
- **Beschäftigte oder Beamte des öffentlichen Dienstes?**
  Wer als Angestellter des öffentlichen Dienstes in Betrieben privatrechtlich organisierter Unternehmen nicht nur vorübergehend tätig ist, kann sich in den Betriebsrat wählen lassen. Das gilt auch für Beamte.
- **Beschäftigte mit befristeten Arbeitsverträgen?**
  Befristet Beschäftigte sind wählbar. Wird ein Arbeitnehmer oder eine Arbeitnehmerin mit befristetem Arbeitsvertrag zum Betriebsrat gewählt, kann dies unter Umständen zu einer Entfristung des Arbeitsvertrags führen. Dies gilt allerdings nur, wenn dem Betriebsratsmitglied aufgrund seiner Betriebsratstätigkeit ein unbefristeter Folgevertrag verweigert wird.
- **Mitglieder des Wahlvorstands?**
  Wer Mitglied des Wahlvorstands ist, ist zugleich in das Amt des Betriebsrats wählbar. Eine Unvereinbarkeit zwischen dem Amt als Wahlvorstands-Mitglied und dem des zukünftigen Betriebsratsamt besteht nicht.

80. Kann die Wählbarkeit verloren gehen?

Die Wählbarkeit geht verloren, wenn durch ein Strafurteil die Fähigkeit entzogen wird, »Rechte aus öffentlichen Wahlen zu erlangen«. Das passiert automatisch, wenn eine Person wegen eines Verbrechens zu mindestens einem Jahr Freiheitsstrafe verurteilt wurde (§ 45 Abs. 1 StGB). Entscheidend

ist nicht nur die Strafe, sondern dass es sich um ein Verbrechen handelt. Ein Verbrechen ist laut § 12 Abs. 1 StGB eine Straftat, die mit mindestens einem Jahr Freiheitsstrafe bestraft werden kann.
Der Verlust des Wahlrechts gilt für fünf Jahre ab dem Zeitpunkt, an dem das Urteil rechtskräftig wird. Bei weniger schweren Straftaten (Vergehen) kann das Gericht das Wahlrecht ebenfalls entziehen, und zwar für zwei bis fünf Jahre (§ 45 Abs. 2 StGB).
Wenn ein ausländischer Arbeitnehmer in seinem Heimatland durch ein Urteil sein Wahlrecht verliert, wird das in Deutschland nur dann anerkannt, wenn das ausländische Urteil nicht gegen deutsche Rechtsprinzipien verstößt. Ein solcher Verstoß liegt zum Beispiel vor, wenn die Verurteilung wegen gewerkschaftlicher oder politischer Aktivitäten im Heimatland erfolgt ist.

G. Auswahl des richtigen Wahlverfahrens – normal, vereinfacht, oder nach Vereinbarung?

Die Wahl eines Betriebsrats erfordert die Auswahl des passenden Wahlverfahrens. Doch welches Verfahren kommt wann zum Einsatz? Das hängt von der Betriebsgröße ab – und manchmal auch von einer Einigung zwischen Arbeitgeber und Wahlvorstand. Teilweise gibt es erhebliche Unterschiede zwischen den Wahlverfahren.

81. Welches Wahlverfahren kommt für den Wahlvorstand in Betracht?

Bei der Betriebsratswahl gibt es zwei mögliche Verfahren: das vereinfachte oder das normale Wahlverfahren. Welches genutzt wird, hängt von der Größe des Betriebs ab. Nur ausnahmsweise gibt es Wahlmöglichkeiten:

- **Betriebe mit 5–100 Wahlberechtigten**
  Hier muss immer das vereinfachte Wahlverfahren angewendet werden (§ 14a Abs. 1 BetrVG). Der Wahlvorstand hat keine Wahlmöglichkeit.
- **Betriebe mit mehr als 100 Wahlberechtigten**
  Normalerweise gilt das normale Wahlverfahren.
- **Ausnahme bei 101–200 Wahlberechtigten**
  In Betrieben mit 101–200 Wahlberechtigten können der Wahlvorstand und der Arbeitgeber vereinbaren, ob das vereinfachte oder das normale Wahlverfahren angewendet wird (§ 14a Abs. 5 BetrVG).
- **Betriebe mit mehr als 200 Wahlberechtigten**
  Hier gilt immer das normale Wahlverfahren.

82. Was ist der Unterschied zwischen dem normalen und dem vereinfachten Wahlverfahren?

In Betrieben mit 101–200 wahlberechtigten Beschäftigten können Arbeitgeber und Wahlvorstand vereinbaren, welches Verfahren genutzt wird. Hier die Unterschiede:

- **Dauer**
  Das vereinfachte Wahlverfahren ist schneller. Es dauert nur 3–4 Wochen, während das normale Verfahren mindestens 10 Wochen in Anspruch nimmt.
- **Wahlsystem**
  Beim normalen Wahlverfahren gibt es in der Regel eine Listenwahl (Verhältniswahl). Zur Wahl stehen nicht einzelne Kandidaten, sondern Listen, die mehrere Personen bündeln. Der Wähler oder die Wählerin hat nur eine Stimme und gibt diese einer Liste. Gibt es allerdings nur eine Vorschlagsliste und stehen damit nur die auf dieser Liste stehenden Personen zur Wahl, kommt es auch beim normalen Wahlverfahren zur Personenwahl (Mehrheitswahl). Hier hat der Wähler so viele Stimmen wie Mitglieder in den Betriebsrat zu wählen sind.
  Beim vereinfachten Verfahren gibt es immer eine Personenwahl (Mehrheitswahl): Die Wähler geben ihre Stimmen direkt für einzelne Kandidaten ab.
- **Wahlvorschläge**
  Im vereinfachten Verfahren können Wahlvorschläge mündlich eingereicht werden. Im normalen Verfahren ist das nur schriftlich möglich.
- **Stimmabgabe**
  Beim vereinfachten Verfahren wird auf einer Wahlversammlung gewählt, beim normalen Verfahren in einem Wahllokal.

83. Wann muss zwingend das vereinfachte Wahlverfahren und wann zwingend das normale Wahlverfahren durchgeführt werden?

Das vereinfachte Wahlverfahren muss zwingend in Kleinbetrieben (5–100 wahlberechtigte Beschäftigte) durchgeführt werden, § 14a Abs. 1, 3

BetrVG. Bei Betrieben mit mehr als 200 wahlberechtigten Beschäftigten muss zwingend das normale Wahlverfahren durchgeführt werden.

84. Worauf ist bei der Anzahl der Beschäftigten zu achten?

Es ist immer genau zwischen der tatsächlichen Anzahl der Beschäftigten im Betrieb und der Anzahl der wahlberechtigten Beschäftigten zu unterscheiden: Sind in einem Betrieb zwar mehr als 200 Arbeitnehmer:innen beschäftigt, dafür aber weniger als 200 wahlberechtigt, kann auch das vereinfachte Verfahren mit dem Arbeitgeber vereinbart werden (und es ist eben nicht zwingend das normale Wahlverfahren durchzuführen).

85. Wann und wie kann das vereinfachte Wahlverfahren vereinbart werden?

Das vereinfachte Wahlverfahren kann in Betrieben mit 101–200 wahlberechtigten Beschäftigten (§ 14a Abs. 5 BetrVG) zwischen dem Wahlvorstand und dem Arbeitgeber vereinbart werden. Dafür sind zwei übereinstimmende Erklärungen (mündlich oder schriftlich) notwendig. Eine schriftliche Vereinbarung wird empfohlen, um Streitigkeiten zu vermeiden. Schweigen des Arbeitgebers gilt dabei nicht als Zustimmung.

86. Welche Besonderheiten gibt es bei der Vereinbarung?

Die Vereinbarung ist nicht erzwingbar. Eine fehlerhafte Vereinbarung kann die Wahl anfechtbar machen. Zudem hat die Vereinbarung keine Dauerwirkung und muss vor jeder Betriebsratswahl neu getroffen werden. Bei einer Anfechtung der Wahl bleibt die Vereinbarung jedoch für die Wiederholung gültig, außer sie war Ursache der Unwirksamkeit.

H. Vereinfachtes Wahlverfahren – wann einstufig, wann zweistufig?

Das vereinfachte Wahlverfahren erleichtert die Betriebsratswahl in kleineren Betrieben – doch wann gilt es als einstufig, wann als zweistufig? Zentral ist § 14a BetrVG, dessen Anwendung teilweise komplex ist.

87. Wann kommt das vereinfachte Wahlverfahren zwingend zur Anwendung?

In Betrieben mit 5–100 wahlberechtigten Beschäftigten, § 14a Abs. 1 BetrVG. Das sind sog. Kleinbetriebe.

88. Wann kann der Wahlvorstand das vereinfachte Walverfahren mit dem Arbeitgeber vereinbaren?

In Betrieben mit 101–200 wahlberechtigten Beschäftigten, § 14a Abs. 4 BetrVG. Das bedeutet in Betrieben mit mehr als 200 wahlberechtigten Arbeitnehmer:innen kommt nur das normale Wahlverfahren zur Anwendung.

89. Wann ist das vereinfachte Wahlverfahren einstufig?

Gibt es im Betrieb schon einen Betriebsrat (oder Gesamt- oder Konzernbetriebsrat), ist das vereinfachte Verfahren einstufig: Der Betriebsrat bestellt den Wahlvorstand und sodann wird auf nur einer Wahlversammlung der Betriebsrat gewählt (eine Stufe), § 14a Abs. 3 Satz 1 BetrVG.

90. Was ist, wenn das Arbeitsgericht den Wahlvorstand bestellt hat?

Dann ist das Verfahren auch einstufig (wie, wenn der Betriebsrat den Wahlvorstand schon bestellt hat), § 14a Abs. 3 Satz 1 BetrVG.
Das Arbeitsgericht bestellt den Wahlvorstand nur in den Fällen, in denen der bereits bestehende Betriebsrat untätig bleibt und keinen Wahlvorstand bestellt oder – in einem betriebsratslosen Betrieb – trotz Einladung durch drei wahlberechtigte Beschäftigte oder Gewerkschaft zur ersten Wahlversammlung keine Wahlversammlung stattfindet oder – aus welchen Gründen auch immer – kein Wahlvorstand gewählt wird.
Der Antrag auf Bestellung beim Arbeitsgericht muss von mindestens drei wahlberechtigten Beschäftigten oder einer im Betrieb vertretenen Gewerkschaft gestellt werden, §§ 17a Nr. 4, 17 Abs. 4, 16 Abs. 2 BetrVG.

91. Wann ist das vereinfachte Wahlverfahren zweistufig?

Gibt es im Betrieb noch keinen Betriebsrat (auch keinen Gesamt- oder Konzernbetriebsrat), der den Betriebsrat bestellen kann, wird der Wahlvorstand auf einer Wahlversammlung gewählt (erste Stufe), § 14a Abs. 1 Satz 2 BetrVG. Eine Woche später (§ 14a Abs. 1 Satz 4 BetrVG) findet in einer zweiten Wahlversammlung die Wahl des Betriebsrats statt (zweite Stufe), § 14a Abs. 1 Satz 3 BetrVG.

92. Was ist, wenn das vereinfachte Wahlverfahren zwischen Wahlvorstand und Arbeitgeber vereinbart wurde?

In diesem Fall kommt nur das einstufige Wahlverfahren in Frage, denn die Vereinbarung muss zwischen Arbeitgeber und Wahlvorstand erfolgen. Es existiert also bereits ein Wahlvorstand, der in nur einer Wahlversammlung (einstufig) die Wahl des Betriebsrats durchführt.

93. Was sind die Aufgaben des Wahlvorstandes beim einstufigen Wahlverfahren?

Der Wahlvorstand muss im einstufigen Verfahren folgendes unverzüglich in die Wege leiten, § 36 Abs. 1 Satz 1 WO:

- Beschlussfassung in einer Sitzung: Tag der Wahlversammlung zur Wahl des Betriebsrats festlegen,
- Aufstellung der Wählerliste, §§ 36 Abs. 2, 2 WO (wie beim zweistufigen Verfahren),
- Erlass des Wahlausschreibens, § 36 Abs. 2, 3, § 31 WO,
- Prüfung und Bekanntgabe der Wahlvorschläge,
- Aufgaben des Wahlvorstandes bei der Wahlversammlung mit Betriebsratswahl sind dann wie beim zweistufigen Verfahren,
- Briefwahl-Regelungen (insbesondere nachträgliche Stimmabgabe) wie beim zweistufigen Verfahren (siehe dazu Frage Nr. 160).

94. Was muss der Wahlvorstand im einstufigen Wahlverfahren bei der Festlegung des Termins für die Wahlversammlung beachten?

Die Wahlversammlung zur Wahl des Betriebsrats sollte zwei Wochen vor Ablauf der Amtszeit des alten Betriebsrats liegen, da den Gewählten eine Überlegungsfrist von drei Werktagen einzuräumen ist, § 17 Abs. 1 WO, und der Wahlvorstand die gewählten Betriebsratsmitglieder vor Ablauf einer Woche nach dem Wahltag zur konstituierenden Sitzung einzuladen hat, § 29 WO. Ansonsten besteht die Gefahr einer betriebsratslosen Zeit.

95. Was muss der Wahlvorstand im einstufigen Wahlverfahren bei der Aufstellung der Wählerliste beachten?

Hier besteht kein Unterschied zum zweistufigen Verfahren: Erstellung der Wählerliste nach § 36 Abs. 2, § 2 WO mit dreitägiger Einspruchsfrist (ab Erlass des Wahlausschreibens), § 30 Abs. 2 WO.

96. Was muss der Wahlvorstand im einstufigen Wahlverfahren beim Erlass des Wahlausschreibens beachten?

Das Wahlausschreiben hat die Angaben zu enthalten, die auch im zweistufigen Verfahren erforderlich sind.
Abweichungen zum zweistufigen Verfahren gibt es aber zu Folgendem:

- Das Wahlausschreiben darf keinen Hinweis enthalten, dass Wahlvorschläge nicht der Schriftform bedürfen, § 36 Abs. 3 Nr. 1 WO,
- Der Wahlvorstand muss im Wahlausschreiben angeben, dass die Wahlvorschläge spätestens eine Woche vor dem Wahltag einzureichen sind, § 36 Abs. 3 Nr. 2 WO.

97. Was muss der Wahlvorstand im einstufigen Wahlverfahren bzgl. der Wahlvorschläge beachten?

- Wahlvorschläge sind immer schriftlich einzureichen (im zweistufigen Verfahren: auch mündlich in der ersten Wahlversammlung möglich),
- Wahlvorschläge müssen bis 1 Woche vor der Wahlversammlung zur Wahl des Betriebsrats eingereicht sein (im einstufigen Verfahren: bis in der ersten Wahlversammlung), § 36 Abs. 5 Satz 1 WO.

98. Was geschieht im einstufigen Wahlverfahren, wenn keine Wahlvorschläge eingereicht werden?

Dann findet – wie im zweistufigen Verfahren – keine Betriebsratswahl statt, § 36 Abs. 6 Satz 1 WO (anders beim normalen Verfahren: Nachfristsetzung ist möglich, § 9 Abs. 1 WO). Der Wahlvorstand muss dies auf die gleiche Weise bekannt machen wie das Wahlausschreiben, § 36 Abs. 6 Satz 2 WO.

I. Mehrheitswahl – Verhältniswahl – Minderheitengeschlecht

Die Betriebsratswahl kann nach zwei unterschiedlichen Wahlsystemen erfolgen. Entweder als Verhältniswahl (Listenwahl) oder als Mehrheitswahl (Personenwahl). Im vereinfachten Wahlverfahren ist ausschließlich eine Personenwahl möglich. Wichtig bei beiden Verfahren ist, dass das jeweilige Minderheitengeschlecht berücksichtigt wird.

99. Welches Wahlrecht gilt für die Betriebsratswahl?

Wie die Wahl durchzuführen ist und was für das Auszählen der Stimmen maßgeblich ist, bestimmt sich nach dem jeweils anwendbaren Wahlverfahren. Beim normalen Wahlverfahren, bei dem mehrere Listenvorschläge eingereicht werden, erfolgt die Stimmenauszählung nach den Grundsätzen der Verhältniswahl (§ 14 Abs. 2 BetrVG).

Die Mehrheitswahl hingegen wird angewandt, wenn entweder im normalen Wahlverfahren nur ein einziger Wahlvorschlag eingereicht wird oder die Wahl im vereinfachten Wahlverfahren nach § 14a BetrVG stattfindet. Auch dies ist in § 14 Abs. 2 BetrVG geregelt.

100. Was ist der Unterschied zwischen Verhältnis- und Mehrheitswahl?

Verhältniswahl ist das richtige Wahlverfahren, wenn mehrere Listen zur Wahl antreten. Das ist im normalen Wahlverfahren der Regelfall. Dabei hat jeder Wähler oder jede Wählerin eine Stimme, die er oder sie einer Liste seiner oder ihrer Wahl geben kann. Je nachdem wie viele Prozent der

Stimmen auf eine Liste entfallen, rücken entsprechend viele Kandidaten der Liste in den Betriebsrat ein – jeweils in der Reihenfolge, in der sie auf der Liste stehen.
Die Mehrheitswahl ist eine Personenwahl und kommt dann zur Anwendung, wenn im normalen Wahlverfahren nur eine Liste eingereicht wird oder das vereinfachte Wahlverfahren greift. Hier treten Einzelpersonen zur Wahl an. Jeder Wähler oder Wählerin hat so viele Stimmen, wie Betriebsratsmitglieder zu wählen sind. Er kann entsprechend viele Kandidaten auswählen – allerdings nicht mehr Stimmen vergeben, als es Sitze gibt.
Im Gegensatz zur Verhältniswahl gibt es bei der Mehrheitswahl keine feste Rangfolge der Kandidaten. Die Wahl entscheidet sich allein nach der Zahl der erhaltenen Stimmen: Die Bewerber mit den meisten Stimmen ziehen in den Betriebsrat ein.

101. Was hat es mit dem Minderheitengeschlecht auf sich?

Der Betriebsrat soll die Interessen aller Arbeitnehmer:innen eines Betriebs vertreten. Um sicherzustellen, dass auch das Minderheitengeschlecht angemessen repräsentiert ist, schreibt § 15 Abs. 2 BetrVG vor, dass dessen Anteil im Betriebsrat dem Verhältnis im Betrieb entsprechen muss. Darüber hinaus soll nach § 15 Abs. 1 BetrVG eine möglichst breite Repräsentation aus den unterschiedlichen Bereichen des Betriebs gewährleistet werden.

102. Was muss der Wahlvorstand tun, damit das Minderheitengeschlecht angemessen im Betriebsrat vertreten ist?

Der Wahlvorstand muss sicherstellen, dass das Minderheitengeschlecht entsprechend seinem Anteil an der Belegschaft im Betriebsrat vertreten ist (§ 15 Abs. 2 BetrVG). Dazu ist es notwendig, die Minderheitenquote korrekt im Wahlausschreiben anzugeben, da eine fehlerhafte Angabe der Sitze für das Minderheitengeschlecht zur Anfechtung der Betriebsratswahl führen kann. Die Bestimmung der Mindestsitze erfolgt nach § 5 WO.

Zunächst wird die Größe des Betriebsrats anhand der Anzahl der Beschäftigten festgelegt (§ 9 BetrVG). Anschließend wird das Minderheitengeschlecht durch eine zahlenmäßige Gegenüberstellung aller Arbeitnehmerinnen und Arbeitnehmer im Sinne des § 5 BetrVG bestimmt. Schließlich wird die Anzahl der Betriebsratssitze, die auf das Minderheitengeschlecht entfallen müssen, nach dem sogenannten d'Hondtschen Höchstzahlverfahren berechnet. Das Wahlausschreiben nach § 3 WO muss diese Zahl genau benennen und darauf hinweisen, dass das Minderheitengeschlecht mindestens entsprechend seinem zahlenmäßigen Verhältnis im Betriebsrat vertreten sein muss (siehe Details dazu im Kapitel N. »Wahltag – Stimmabgabe – Stimmauszählung«).

103. Wie ist mit dem Geschlecht »Divers« zu verfahren?

Das Bundesverfassungsgericht hat das dritte Geschlecht »Divers« anerkannt, was auch das Betriebsverfassungsrecht betrifft. Dieses ging bisher von nur zwei Geschlechtern aus. Daher wäre eine gesetzliche Anpassung sinnvoll und würde jedoch für mehr Rechtssicherheit sorgen. Bislang geht man – da keine gesetzliche Anpassung erfolgt ist – von Folgendem aus:
§ 15 BetrVG regelt die Gleichberechtigung von Männern und Frauen gemäß Art. 3 Abs. 2 GG. Er verlangt, dass der Anteil weiblicher Betriebsratsmitglieder dem Anteil der Frauen in der Belegschaft entspricht, um die bislang häufige Unterrepräsentation von Frauen in Betriebsräten auszugleichen. Die Vorschrift greift in das Wahlrecht ein, ist jedoch durch den verfassungsrechtlichen Gleichstellungsauftrag gerechtfertigt. Das dritte Geschlecht »Divers« wird rechtlich wie männlich und weiblich behandelt und genießt Schutz vor Diskriminierung. Eine spezifische Förderung für das dritte Geschlecht ist jedoch weder gesetzlich geregelt noch vorgesehen. Daher können Personen des Geschlechts »Divers« nicht als Minderheitengeschlecht im Sinne des § 15 Abs. 2 BetrVG gelten. Die praktische Relevanz bleibt gering, da in Deutschland nur etwa 160 000 Menschen dem dritten Geschlecht angehören.

J. Kandidaten – Wahlvorschlag – Stützunterschriften

Die Aufstellung der Kandidatinnen und Kandidaten für die Betriebsratswahl ist ein zentraler Schritt im Wahlprozess. Sie unterliegt klar definierten gesetzlichen Vorgaben und Fristen, die von allen Beteiligten einzuhalten sind. Der Wahlvorstand muss die Vorschläge prüfen und bei Ungültigkeit einen Beschluss fassen. Viele Fehler der Wahlvorschläge sind allerdings heilbar.

104. Wie werden die Kandidaten aufgestellt?

Die Aufstellung der Kandidaten und Kandidatinnen für die Betriebsratswahl erfolgt innerhalb klar definierter Fristen. Beim normalen Wahlverfahren müssen die Vorschläge spätestens zwei Wochen nach Erlass des Wahlausschreibens vorliegen. Beim vereinfachten Verfahren genügt es, wenn die Wahlvorschläge eine Woche vor dem Wahltag eingereicht werden. Diese Vorschläge (das gilt sowohl für das normale Wahlverfahren als auch für das vereinfachte Wahlverfahren) können entweder von der Belegschaft oder von einer Gewerkschaft an den Wahlvorstand übermittelt werden.

Im normalen Wahlverfahren spricht man von sogenannten »Vorschlagslisten« (siehe Nr. 105), während im vereinfachten Verfahren der Begriff »Wahlvorschläge« (siehe Nr. 111) verwendet wird.

- Eine Vorschlagsliste zeichnet sich dadurch aus, dass mehrere Bewerber:innen sich als »Interessengemeinschaft« zusammenfinden und gemeinsam auf einer Liste kandidieren. Der Wähler oder die Wählerin hat dabei nur eine Stimme, die er der gesamten Liste gibt.

- Anders beim vereinfachten Wahlverfahren bzw. bei nur einer Vorschlagsliste, bei der einzelne Personen gegeneinander antreten (Personenwahl). Der Wähler oder die Wählerin kann dann einzelne Personen auswählen, wobei das Prinzip der Mehrheitswahl gilt.

105. Wodurch ist die Vorschlagsliste gekennzeichnet?

Vorschlagslisten können sowohl von einzelnen wahlberechtigten Arbeitnehmerinnen und Arbeitnehmern als auch von Gewerkschaften eingereicht werden (§ 14 Abs. 3 BetrVG). Charakteristisch für Vorschlagslisten ist, dass die Reihenfolge der Bewerber:innen auf der Liste darüber entscheidet, welche Personen entsprechend der auf die Liste entfallenden Stimmen in den Betriebsrat gewählt werden. Wählerinnen und Wähler haben im Rahmen dieses Verfahrens eine einzige Stimme, die sie einer Vorschlagsliste geben können. Es wird empfohlen, dass jede Vorschlagsliste mindestens doppelt so viele Kandidatinnen und Kandidaten enthält, wie Betriebsratsmitglieder zu wählen sind. Allerdings ist auch eine geringere Anzahl an Bewerbungen zulässig.

106. Was müssen die Vorschlagslisten enthalten?

Die Vorschlagslisten müssen gemäß § 3 WO die Bewerber:innen mit folgenden Angaben in einer bestimmten Reihenfolge aufführen:

- Familienname
- Vorname
- Geburtsdatum
- Art der Tätigkeit im Betrieb

Die Reihenfolge wird von den Erstellern der Vorschlagsliste festgelegt und ist für den Wahlvorstand verbindlich. Diese Reihenfolge ist maßgeblich dafür, wer letztlich in den Betriebsrat kommt (Mehrheitszahl). Denn je nachdem, wie viele Stimmen die Liste erhält, haben die oben gelisteten Bewerber:innen bessere Chancen. Diese Reihenfolge muss auch auf den Stimmzettel übertragen werden.
Zudem müssen von allen Kandidaten eine schriftliche Zustimmung vorliegen, dass sie überhaupt in die Liste aufgenommen werden wollen (§ 6

Abs. 3 WO). In der Regel gibt es für jede Liste einen Listenvertreter, der Ansprechpartner für den Wahlvorstand ist. Eine Vorschlagsliste muss außerdem von einer bestimmten Anzahl wahlberechtigter Beschäftigter unterzeichnet werden – diese sogenannten »Stützunterschriften« sind von großer Bedeutung (siehe Details unter Nr. 114).

Hinweis:
Sollte im normalen Wahlverfahren nur eine einzige Vorschlagsliste eingereicht werden, findet keine Listenwahl, sondern eine Personenwahl statt. Dabei werden die Kandidaten der Vorschlagsliste einzeln zur Wahl gestellt, und es gilt die Mehrheitswahl.

107. Was ist bei Listen zu beachten, die von einer Gewerkschaft eingereicht werden?

Im Betrieb vertretene Gewerkschaften können eigene Vorschlagslisten einbringen. Die Listen werden mit einem gewerkschaftlichen Kennwort versehen. Der Wahlvorstand muss prüfen, ob eine Organisation eine Gewerkschaft im Sinne von § 2 BetrVG ist und ob sie im Betrieb vertreten ist, also mindestens ein Mitglied im Betrieb hat. Es ist jedoch nicht erforderlich, dass dieses Mitglied aktiv wahlberechtigt ist.
Die Vorschlagslisten der Gewerkschaften benötigen keine gesonderten Stützunterschriften. Sie müssen von zwei Beauftragten der Gewerkschaft unterschrieben sein, sonst ist die Liste ungültig. Sind ansonsten allerdings auch auf den Vorschlagslisten der Gewerkschaften genügend reguläre Stützunterschriften vorhanden, gilt die Ausnahme, dass der Wahlvorstand das gewerkschaftliche Kennwort streichen und die Liste ohne Kennwort zulassen kann, sofern die Unterschriften der Gewerkschaftsbeauftragten nicht rechtzeitig nachgereicht werden.
Kandidaten auf einem Wahlvorschlag der Gewerkschaft müssen nicht Gewerkschaftsmitglieder sein. Es können auch andere Arbeitnehmer oder Arbeitnehmerinnen des Betriebs kandidieren, wenn sie die allgemeinen Voraussetzungen der passiven Wahlberechtigung erfüllen und der Kandidatur zustimmen.

108. Sollte die Minderheitenquote bei Vorschlagslisten beachtet werden?

Bei der Aufstellung von Vorschlagslisten bzw. Wahlvorschlägen gemäß § 15 Abs. 2 BetrVG soll das Minderheitsgeschlecht angemessen berücksichtigt werden. Denn letztlich ist ein zentrales Ziel des BetrVG die Förderung von Frauen und damit eine stärkere Repräsentanz von Frauen in den Betriebsräten. Diesem Ziel wird Rechnung getragen, indem Wahlbewerberinnen und Wahlbewerber auf den Vorschlägen möglichst im Verhältnis der Geschlechterverteilung im Betrieb aufgestellt werden.

109. Kann der Listenvertreter Kandidaten von der Liste streichen?

Der Wahlvorschlag ist nicht die alleinige Entscheidung des Listenvertreters, sondern spiegelt den Willen aller Personen wider, die ihn durch ihre Unterschrift unterstützt haben. Aus diesem Grund stellt die Streichung einzelner oder mehrerer Kandidaten ohne das Einverständnis der übrigen Unterzeichner eine inhaltliche Veränderung des Wahlvorschlags dar. Anpassungen des Listenvorschlags dürfen nur von allen gemeinsam vorgenommen werden, die die Liste unterzeichnet haben.

110. Was ist, wenn ein Bewerber oder eine Bewerberin auf mehreren Listen auftaucht?

Wenn ein Wahlbewerber oder eine Wahlbewerberin auf mehreren Wahlvorschlägen kandidiert, muss der Wahlvorstand ihn auffordern, innerhalb von drei Arbeitstagen zu entscheiden, auf welchem Wahlvorschlag er bleiben möchte. Gibt der Bewerber oder die Bewerberin keine rechtzeitige Erklärung ab, wird er oder sie von allen Wahlvorschlägen gestrichen (§ 6 Abs. 7 WO). Eine Streichung ist jedoch nicht möglich, wenn der Bewerber oder die Bewerberin, der auf nur einer Liste kandidiert, nach Einreichung des Wahlvorschlags einfach erklärt, seine oder ihre Kandidatur zurückziehen zu wollen. Eine solche Zurückziehung wäre nur mit Zustimmung aller Unterzeichner des Wahlvorschlags möglich, da sie eine wesentliche

Änderung darstellt. Der Bewerber oder die Bewerberin kann jedoch, falls er oder sie gewählt wird, die Annahme des Betriebsratsamtes nach § 17 Abs. 1 Satz 2 WO ablehnen (§ 6 Abs. 6 WO).

111. Was gilt für Wahlvorschläge im vereinfachten Verfahren?

Im vereinfachten Wahlverfahren, das in kleineren Betrieben zur Anwendung kommt, gibt es keine Vorschlagslisten. Stattdessen werden einzelne Personen als Kandidaten für die Wahl vorgeschlagen. Um eine ausreichende Auswahl zu gewährleisten, sollte die Zahl der vorgeschlagenen Kandidaten idealerweise doppelt so hoch sein wie die Zahl der zu wählenden Betriebsratsmitglieder. Die Vorschläge können je nach Ablauf des Verfahrens auf unterschiedliche Weise eingereicht werden.

Findet die Wahl in zwei Wahlversammlungen (zweistufiges Verfahren) statt, können Vorschläge für Kandidaten bis zum Ende der ersten Versammlung mündlich oder schriftlich beim Wahlvorstand eingereicht werden. Mündliche Vorschläge müssen dabei nicht schriftlich bestätigt werden (§ 33 WO). Wenn ein Wahlvorstand bereits bestellt ist und die erste Wahlversammlung entfällt (einstufiges Verfahren), müssen die Wahlvorschläge spätestens eine Woche vor dem Wahltermin schriftlich eingereicht werden (§ 33 WO).

Ein schriftlicher Wahlvorschlag muss bestimmte Angaben enthalten: den Familiennamen, Vornamen, das Geburtsdatum und die Art der Tätigkeit des Kandidaten. Außerdem ist die schriftliche Zustimmung des vorgeschlagenen Kandidaten erforderlich. In Betrieben mit mehr als 20 Beschäftigten müssen pro Kandidat zusätzlich mind. zwei Stützunterschriften von wahlberechtigten Personen vorliegen (§ 14 Abs. 3 BetrVG). Diese Stützunterschriften können auch durch Handzeichen geleistet werden (§ 14 Abs. 4 BetrVG). Weitere Informationen zu den Stützunterschriften finden sich unten unter Nr. 114.

112. Können die Wahlvorschläge/Vorschlagslisten auch elektronisch eingereicht werden?

Die Wahlvorschläge/Vorschlagslisten müssen beim Wahlvorstand in dessen Büro oder postalisch oder per Boten abgegeben werden, nicht via E-Mail oder sonst elektronisch, da auf diesem Wege nicht die Echtheit der Unterschriften geprüft werden kann (digitale Unterschriften sind nicht möglich!).

113. Was genau sind Stützunterschriften und wie viele sind nötig?

Für alle Wahlvorschläge und Vorschlagslisten in Betrieben ab 21 Beschäftigte sind zusätzliche sogenannte »Stützunterschriften« nötig. Dieses Erfordernis soll sicherstellen, dass die Kandidaten eine gewisse Chance auf Erfolg bei der Wahl haben, weil sie von mehreren Beschäftigten unterstützt werden (§ 14 Abs. 4 BetrVG). Für kleinere Betriebe (weniger als 20 Beschäftigte) und Vorschlagslisten der Gewerkschaften sind keine Stützunterschriften nötig. Die Anzahl der notwendigen Stützunterschriften ergibt sich wie folgt:

- In Betrieben mit bis zu 20 wahlberechtigten Arbeitnehmer:innen sind keine Unterschriften erforderlich
- In Betrieben mit 21 bis 100 wahlberechtigten Arbeitnehmer:innen reichen zwei Unterschriften pro Kandidat aus
- In größeren Betrieben mit mehr als 100 Arbeitnehmer:innen müssen mindestens ein Zwanzigstel der wahlberechtigten Arbeitnehmer:innen unterzeichnen. Maximal sind jedoch 50 Unterschriften nötig.

114. Müssen die Stützunterschriften auf demselben Dokument wie der Wahlvorschlag bzw. die Liste geleistet werden?

Ein wirksamer Wahlvorschlag erfordert, dass die notwendigen Stützunterschriften direkt auf dem Wahlvorschlag selbst oder auf einem klar zugehörigen Dokument angebracht sind. Dabei müssen der Bewerberteil und der Unterschriftenteil eindeutig als zusammengehörige Einheit erkennbar sein. Es reicht nicht, die beiden Teile lediglich mit einer Büroklammer zu verbinden, wenn dadurch nicht klar wird, dass sie zusammengehören. Eine feste Verbindung der beiden Teile ist jedoch nicht zwingend notwendig. Das BAG hält es für ausreichend, wenn andere Merkmale den Wahlvorschlag als einheitliche Urkunde kennzeichnen. Dazu zählen zum Beispiel die Wiederholung eines Kennworts auf allen Blättern, eine fortlaufende Seitennummerierung, ein einheitliches Layout oder ein inhaltlicher Zusammenhang. Solche Merkmale können sicherstellen, dass der Wahlvorschlag auch bei mehreren Blättern als Einheit erkennbar bleibt.

115. Können Kandidaten bzw. Bewerber:innen auch Stützunterschriften leisten?

Auch Kandidaten bzw. Wahlbewerber können den Wahlvorschlag, auf dem sie stehen, selbst mit ihrer Unterschrift unterstützen. Dabei muss aus dem Wahlvorschlag klar hervorgehen, wer kandidieren will und wer mit seiner Unterschrift sowohl seine Kandidatur als auch den Vorschlag unterstützt. Ein Formular, das für Betriebsratswahlen vorsieht, dass Kandidaten mit ihrer Unterschrift zugleich ihre Liste unterstützen, ist zulässig. Auch Mitglieder des Wahlvorstands dürfen Wahlvorschläge unterschreiben. Ihre Mitgliedschaft im Wahlvorstand steht einer Unterstützung nicht im Weg.

116. Was gilt für Stützunterschriften bei Wahlvorschlägen von Gewerkschaften?

Im Betrieb vertretene Gewerkschaften benötigen keine Stützunterschriften. Zwei Beauftragte der Gewerkschaft können den Wahlvorschlag unterschreiben (§ 14 Abs. 5 BetrVG). Die Gewerkschaft entscheidet eigenständig, wen sie als Beauftragte benennt, und benötigt dafür nicht die Zustimmung der Bewerber:innen.

Eine Gewerkschaft gilt bereits als im Betrieb vertreten, wenn sie mindestens ein Mitglied im Betrieb hat. Dieses Mitglied muss nicht zwingend wahlberechtigt sein

117. Muss der Wahlvorstand die Vorschlagslisten bzw. Wahlvorschläge sofort prüfen?

Ja. Der Wahlvorstand muss die eingereichten Wahlvorschläge sofort umgehend prüfen (§ 7 Abs. 2 Satz 2 WO). Wird diese Pflicht verletzt und könnte das Versäumnis zu einer erfolgreichen Anfechtung führen, kann per einstweiliger Verfügung in die laufende Betriebsratswahl eingegriffen werden. Auch wenn Wahlvorschläge am letzten Tag der Einreichungsfrist (§ 6 Abs. 1 Satz 2 WO) eingereicht werden, aber noch rechtzeitig vor Fristablauf, ist immer noch eine Prüfung nötig. Bei Mängeln muss der Listenvertreter umgehend informiert werden.

118. Was muss der Wahlvorstand machen, wenn die Vorschlagslisten bzw. die Wahlvorschläge ungültig sind?

Vorschlagslisten und Wahlvorschläge (vereinfachtes Verfahren) können in vielerlei Hinsicht fehlerhaft sein. Einige Fehler lassen sich beheben. Manche führen automatisch zur Ungültigkeit – mit der Folge, dass ganz neue Listen oder Wahlvorschläge eingebracht werden müssen, sofern das innerhalb der Frist noch möglich ist. Die Vorschlagslisten/Wahlvorschläge sind nach § 8 Abs. 1 WO ungültig, wenn

- sie nicht fristgerecht eingereicht wurden (binnen 2 Wochen nach Bekanntgabe Wahlausschreiben),
- auf ihnen die Bewerber:innen nicht in erkennbarer Reihenfolge aufgeführt sind oder
- sie nicht die ausreichende Zahl an Stützunterschriften aufweisen (§ 14 Abs. 4 BetrVG).

Häufig tritt nicht automatisch eine Ungültigkeit ein, vielmehr können die Vorschlagslisten/Wahlvorschläge nachgebessert werden. Dies ist nach § 8 Abs. 2 WO der Fall, wenn

- die Kandidaten nicht Familienname, Vorname, Geburtsdatum und Art der Beschäftigung aufgelistet haben, wie § 6 Abs. 3 WO es erfordert,
- die Zustimmung des Bewerbers oder der Bewerberin fehlt oder

- die Vorschlagsliste aufgrund einer Streichung einer doppelten Stützunterschrift (§ 6 Abs. 5 WO) nicht mehr die erforderliche Zahl an Stützunterschriften aufweist (dann müssen diese nachgeholt werden).

Allerdings müssen diese Mängel binnen drei Arbeitstagen behoben werden. Werden die Fehler trotz Beanstandung nicht behoben, wird die Liste ungültig.

119. Muss der Wahlvorstand über die Ungültigkeit einen Beschluss fassen?

Ja. Über die Ungültigkeit einer Vorschlagsliste entscheidet der Wahlvorstand immer durch Beschluss seiner stimmberechtigten Mitglieder. Ein einzelnes Wahlvorstandsmitglied darf die Feststellung auch dann nicht treffen, wenn der Mangel auf den ersten Blick erkennbar ist.

120. Wie werden die Vorschlagslisten bzw. Wahlvorschläge bekannt gemacht?

Hat der Wahlvorsand die Vorschläge geprüft und für zulässig befunden, muss er sie bekannt machen. Im Falle der Vorschlagslisten ist die Reihenfolge der Listen wichtig. Der Wahlvorstand entscheidet durch ein Los, in welcher Reihenfolge die gültigen Vorschlagslisten auf dem Stimmzettel stehen. Entsprechend werden Ordnungsnummern vergeben. Vertreter:innen der Listen müssen für die Verlosung rechtzeitig eingeladen werden (§ 10 Abs. 1 WO).

Spätestens eine Woche vor der Wahl müssen die gültigen Listen öffentlich gemacht werden. Das passiert an den gleichen Stellen, wo auch das Wahlausschreiben hängt. Die Listen bleiben bis zur letzten Stimmabgabe sichtbar (§ 10 Abs. 2 WO). Die Listen werden vollständig veröffentlicht, inklusive Namen, Geburtsdatum und Job der Bewerber:innen. Unterschriften der Unterstützer werden nicht gezeigt.

Für die Wahlvorschläge gilt dasselbe: Spätestens eine Woche vor der Wahl hat der Wahlvorstand die als gültig anerkannten Wahlvorschläge in gleicher Weise bekannt zu machen wie das Wahlausschreiben (§ 33 Abs. 4 WO).

121. Berechtigen Fehler bei den Vorschlagslisten bzw. Wahlvorschlägen zur Anfechtung der gesamten Wahl?

Ja. Fehler bei den Vorschlagslisten oder Wahlvorschlägen können die Wahl unter bestimmten Umständen anfechtbar machen. Beispielsweise wäre dies der Fall, wenn nicht wählbare Arbeitnehmer:innen, wie etwa Personen unter 18 Jahren, auf den Listen auftauchen. Ebenso kann eine Wahl angefochten werden, wenn wählbare Arbeitnehmer:innen unberechtigterweise von einer Vorschlagsliste gestrichen oder nicht zugelassen werden. Ein weiterer möglicher Anfechtungsgrund besteht darin, wenn eine Vorschlagsliste mit ausschließlich männlichen oder weiblichen Bewerber:innen nicht zugelassen wird, obwohl im Betrieb beide Geschlechter vertreten sind. Auch die Zulassung einer gewerkschaftlichen Liste ohne die erforderlichen Unterschriften kann die Rechtmäßigkeit der Wahl infrage stellen. Darüber hinaus sind die Streichung von Kandidaten ohne die Zustimmung der Unterzeichner:innen oder das Versäumnis, doppelt kandidierende Bewerber:innen zur Klärung ihrer endgültigen Liste aufzufordern (§ 7 WO), potenzielle Anfechtungsgründe. Ebenso kann der Ausschluss einer Liste aufgrund falscher Annahmen über die Wählbarkeit eines gekündigten Beschäftigten oder die willkürliche Bevorzugung bestimmter Listen zu einer Wahlanfechtung führen. Generell können Fehler bei der Erstellung der Vorschlagslisten, wenn sie sich auf die Wahl auswirken, ein berechtigter Grund sein, die Wahl anzufechten.

K. Wählerliste und das Einspruchsverfahren dagegen – worauf zu achten ist

Die Wählerliste bildet das Herzstück jeder Betriebsratswahl. Sie enthält die Namen der Wahlberechtigten und derjenigen, die sich wählen lassen dürfen (§ 2 WO). Fehler in der Liste können schwerwiegende Folgen haben. Daher sollte jeder Beschäftigte die Wählerliste sorgfältig prüfen und bei Unstimmigkeiten Einspruch beim Wahlvorstand einlegen. Die Möglichkeit, Wahlen nachträglich wegen Fehlern in der Wählerliste gemäß § 19 BetrVG anzufechten, ist mittlerweile stark eingeschränkt worden.

122. Was ist die Wählerliste und was bezweckt sie?

Der Wahlvorstand muss unverzüglich nach seiner Bestellung mit der Erstellung des Wählerverzeichnisses (Wählerliste) beginnen, da dieses zentral für eine ordnungsgemäße Wahl ist. Das Verzeichnis muss spätestens bis zur Veröffentlichung des Wahlausschreibens fertiggestellt sein, da es ab diesem Zeitpunkt zur Einsichtnahme für alle Beschäftigten bereitliegen muss.

Die Wählerliste enthält die Namen aller wahlberechtigten Mitarbeiterinnen und Mitarbeiter (§ 2 WO). Zwar hängt rechtlich die Wahlberechtigung nicht von dem Eintrag in der Wählerliste ab. Aber dennoch ist der Eintrag in der Wählerliste formale Voraussetzung für die Teilnahme an der Wahl. Zudem gibt die Wählerliste Auskunft darüber, wer nicht passiv wahlberechtigt ist, also nicht gewählt werden kann. Fehler der Wählerliste können erhebliche Auswirkungen auf die Wahl haben, daher sollten alle Beschäftigten die Einträge in der Wählerliste kontrollieren und bei Fehlern Einspruch einlegen (zum Einspruch s. u. Frage Nr. 130ff.)

Die Wählerliste enthält laut § 2 WO folgende Informationen:

- Vor- und Nachname der Wahlberechtigten
- Geburtsdatum der Wahlberechtigten (nur in der Originalversion des Wahlvorstands, nicht in der öffentlich bekanntgemachten und einsehbaren Liste!)
- Geschlecht (oft durch getrennte Listen dargestellt)
- Hinweis, wer nicht passiv wahlberechtigt ist
- Hinweis, wer Briefwahlunterlagen erhält

Laut § 2 WO sollten die Namen alphabetisch angeordnet sein, allerdings handelt es sich um eine »Soll-Vorschrift«. Daher sind auch andere Sortierungen (nach Personalnummer, Schichten etc.) zulässig. Häufig werden die Namen nach Geschlechtern getrennt, jeweils alphabetisch sortiert. Die Entscheidung, wie die Sortierung erfolgt, bleibt dem Wahlvorstand überlassen.

123. Wie erfolgt der Hinweis auf das Geschlecht in der Liste?

Die Wählerliste sollten (neben Familienname, Vorname und Geburtsdatum) auch Hinweise auf das Geschlecht enthalten. Die Wählerlisten können nach Geschlechtern getrennt sein, aber auch eine andere Kennzeichnung ist zulässig. Personen mit dem Geschlecht »divers« müssen ebenfalls entweder gesondert aufgelistet oder in der bestehenden Liste gekennzeichnet werden. Dies gilt aber nur, wenn die Information über das dritte Geschlecht bekannt ist. Weder der Arbeitgeber, der ja die Informationen zur Verfügung stellen muss, noch der Wahlvorstand sind verpflichtet, aktive Nachforschungen anzustellen, ob das Geschlecht divers im Betrieb vertreten ist. Ein Einspruch gegen die Wählerliste kann eine Möglichkeit sein, diese Information zu erhalten.

124. Warum muss ein Hinweis auf die passive Wahlberechtigung in die Wählerliste?

Der Wahlvorstand muss darauf achten, dass alle Beschäftigten, die zwar wahlberechtigt sind, aber nicht gewählt werden können (also keine passive Wahlberechtigung haben), in der Wählerliste klar gekennzeichnet sind.

Sonst kann es etwa sein, dass diese Personen in die Vorschlagslisten oder Wahlvorschläge aufgenommen werden und diese dann ungültig sind. Beim Erstellen der Listen ist es wichtig, die Wählerliste sorgfältig zu prüfen.
Bei der Aufnahme von Leiharbeitnehmer:innen muss der Wahlvorstand besonders aufpassen: Er muss sie in die Wählerliste aufnehmen, wenn absehbar ist, dass sie mindestens drei Monate im Betrieb beschäftigt sind. Ein Hinweis auf die fehlende passive Wahlberechtigung muss hinzukommen.

125. Sollten Hinweise zur Briefwahl in der Wählerliste enthalten sein?

Ja, die Wählerliste soll dokumentieren, wer Briefwahlunterlagen erhalten hat. Dies verhindert, dass Stimmen doppelt abgegeben werden. Der Wahlvorstand benötigt hierfür die Privatadressen der Betroffenen, die der Arbeitgeber bereitstellen muss. Diese Privatadressen dürfen jedoch aus Datenschutzgründen nicht in der Wählerliste aufgeführt werden.

126. Welche Informationen kann der Wahlvorstand vom Arbeitgeber fordern?

Die Erstellung einer korrekten Wählerliste ist in der Regel nur möglich, wenn der Arbeitgeber dem Wahlvorstand die erforderlichen Informationen (Personalunterlagen, Beschäftigtenlisten etc.) gibt und die notwendigen Unterlagen bereitstellt. Die Unterstützung des Arbeitgebers bei der Erstellung der Wählerliste ist sogar eine gesetzliche Pflicht. Falls der Arbeitgeber dieser Verpflichtung nicht nachkommt, kann der Wahlvorstand sie im Beschlussverfahren oder durch eine einstweilige Verfügung durchsetzen. Datenschutzrechtliche Bedenken bei der Herausgabe der Privatadressen der Beschäftigten bestehen nicht.
Der Arbeitgeber hat eine umfassende Auskunfts- und Darlegungspflicht, wenn es um die Frage geht, ob Beschäftigte im Betrieb als Angestellte, als freie Mitarbeiter oder im Rahmen eines Werkvertrags tätig sind. In diesem Zusammenhang muss der Arbeitgeber dem Wahlvorstand alle erforderlichen Informationen und Unterlagen zur Verfügung stellen, damit dieser

eine fundierte Entscheidung treffen kann. Besonders wichtig ist die Auskunftspflicht in Bezug auf Leiharbeitnehmer oder -arbeitnehmerinnen. Allerdings darf der Wahlvorstand die vom Arbeitgeber bereitgestellten Informationen und Aufstellungen nicht ungeprüft übernehmen. Er hat eine eigenständige Prüfungspflicht und trägt die alleinige Verantwortung für die Entscheidung, ob ein Beschäftigter in die Wählerliste aufgenommen wird oder nicht.

127. Wie ist die Wählerliste bekannt zu machen?

Ab dem Tag der Einleitung der Wahl (Erlass des Wahlausschreibens) müssen die Wählerliste sowie ein Abdruck der Wahlordnung bis zum Abschluss der Stimmabgabe an einem geeigneten Ort im Betrieb zur Einsicht bereitgestellt werden. Dies sollte idealerweise beim Wahlvorstand an der Betriebsadresse oder im Büro des Betriebsrats erfolgen. Je nach Größe und Organisation des Betriebs kann es sinnvoll sein, die Wählerliste und die Wahlordnung zusätzlich an weiteren Stellen auszulegen, etwa am Empfang, im Meisterbüro, in unselbstständigen Nebenbetrieben oder auf Großbaustellen. Über die konkreten Auslageorte entscheidet der Wahlvorstand per Beschluss. Zudem können und sollten die im Betrieb üblichen digitalen Kanäle zur Bekanntmachung der Wählerliste selbstverständlich genutzt werden.

128. Ist eine Bekanntmachung der Wählerliste ausschließlich in digitaler Form zulässig?

Eine Bekanntmachung nur in elektronischer Form ist nur dann erlaubt, wenn sichergestellt ist, dass alle Beschäftigten Zugang zu den entsprechenden digitalen Kanälen haben (also zum Intranet etc.). Außerdem muss sichergestellt sein, dass Änderungen oder Ergänzungen an der digital zu Verfügung gestellten Wählerliste nur vom Wahlvorstand vorgenommen werden (§ 2 Abs. 4 WO). Dafür sollte der Zugriff auf die entsprechenden Intranet-Seiten oder sonstigen digitalen Kanäle durch ein Passwort geschützt sein, sodass nur der Wahlvorstand Änderungen vornehmen kann.

In der Praxis wird eine rein elektronische Veröffentlichung daher eher die Ausnahme bleiben.

129. Was tun, wenn die Wählerliste fehlerhaft ist?

Fehlt eine wahlberechtigte Person in der Wählerliste, kann sie nicht an der Wahl teilnehmen. Mögliche Fehler in der Wählerliste gibt es vielfältige. Um diese zu korrigieren, gibt es ein spezielles Einspruchsverfahren gegen die Wählerliste (§§ 4, 30 WO). Dadurch können Wählerinnen und Wähler nach der Veröffentlichung der Liste dem Wahlvorstand Fehler melden und eine Korrektur beantragen.
Seit der Einführung des Betriebsrätemodernisierungsgesetzes im Jahr 2021 ist dieses Verfahren besonders wichtig geworden. Denn Fehler in der Wählerliste können später nicht mehr vor Gericht angefochten werden, wenn sie nicht zuvor im Einspruchsverfahren nach der WO gemeldet wurden (neuer § 19 Abs. 3 BetrVG).
Typische Fehler in der Wählerliste sind:

- Es fehlen wahlberechtigte Personen.
- Es sind Personen eingetragen, die nicht wählen dürfen.
- Fehlender Hinweis bei Leiharbeitnehmer:innen, dass sie nur wählen, aber nicht gewählt werden können.
- Fehlender Hinweis bei Beschäftigten unter 18 Jahren, dass sie nur wählen, aber nicht gewählt werden können.

Auch Schreibfehler oder andere sinnverändernde Fehler können im Einspruchsverfahren gemeldet und korrigiert werden.

130. Wie funktioniert das Einspruchsverfahren?

Einsprüche gegen die Wählerliste müssen im normalen Wahlverfahren innerhalb von zwei Wochen (§ 4 WO) und im vereinfachten Verfahren binnen drei Tagen (§ 30 Abs. 2 WO) nach Erlass des jeweiligen Wahlausschreibens erhoben werden. Diese Fristen sind Ausschlussfristen und daher unbedingt zu beachten. Die Frist beginnt nach Ablauf des Tages, an dem das Wahlausschreiben erlassen worden ist, und endet mit Ablauf von zwei Wochen am gleichen Wochentag wie dem des Erlasses des Wahlaus-

schreibens. Ist der letzte Tag des Fristablaufs ein Sonnabend, ein Sonntag oder ein in dem betreffenden Bundesland, in dem der Betrieb liegt, staatlich anerkannter allgemeiner Feiertag, läuft die Frist erst am nächsten Werktag ab (§ 193 BGB).
Eventuell hat der Wahlvorstand eine bestimmte Uhrzeit (im Wahlausschreiben) festgelegt, bis zu der die Einsprüche am letzten Tag der Frist eingereicht werden können. Dabei muss aber darauf geachtet werden, dass die Uhrzeit nicht vor dem Ende der Arbeitszeit der Mehrheit der Wählerinnen und Wähler an diesem Tag liegen darf, § 41 Abs. 2 WO. Das konkrete Fristende unter Angabe von Datum und Uhrzeit muss dann im Wahlausschreiben benannt werden.
Einsprüche müssen nach der aktuellen Fassung des § 4 Abs. 1 WO schriftlich, das heißt vom Einspruchsführer unterschrieben, beim Wahlvorstand eingereicht werden (zu digital eingereichten Einsprüchen siehe Frage Nr. 131). Der Einspruch sollte den gerügten Fehler möglichst genau bezeichnen. Eine Begründung ist nicht erforderlich, aber sinnvoll.

131. Kann ein Einspruch auch mündlich oder per Mail eingereicht werden?

Einsprüche müssen eigentlich schriftlich eingereicht werden (s. o. Frage Nr. 130). Mündliche Einsprüche dürfen jedoch nach allgemeiner Meinung nicht einfach abgelehnt werden. Stattdessen muss der Wahlvorstand auf die vorgeschriebene Schriftform hinweisen. Das Gleiche gilt für Einsprüche per E-Mail. Um den Prozess in Zeiten der Digitalisierung zu erleichtern, wird dem Wahlvorstand empfohlen, auch per E-Mail eingereichte Einsprüche zu berücksichtigen – insbesondere, wenn dies im Betrieb ein übliches Kommunikationsmittel ist. Erkennt der Wahlvorstand einen elektronisch eingereichten Einspruch als gültig an, kann der Einspruchsführer darauf vertrauen, dass sein Einspruch fristgerecht und in der richtigen Form eingereicht wurde.

132. Wer ist einspruchsberechtigt?

Einspruchsberechtigt sind alle Arbeitnehmerinnen und Arbeitnehmer – unabhängig davon, ob sie persönlich von dem beanstandeten Fehler betroffen sind oder nicht. Zudem können auch diejenigen Einspruch einlegen, die der Ansicht sind, fälschlicherweise nicht in die Wählerliste aufgenommen oder umgekehrt zu Unrecht darin aufgeführt worden zu sein. Dies betrifft insbesondere die Beschäftigungsgruppen gemäß § 5 Abs. 2 und 3 BetrVG, also zum einen Arbeitnehmer, die nicht als solche im Sinne des BetrVG gelten (§ 5 Abs. 2 BetrVG), und zum anderen leitende Angestellte (§ 5 Abs. 3 BetrVG).

133. Kann eine Gewerkschaft Einspruch einlegen?

Nach einer älteren Ansicht des BAG dürfen weder die im Betrieb vertretene Gewerkschaft noch der Arbeitgeber Einspruch gegen die Wählerliste einlegen. Diese Auffassung ist jedoch fragwürdig, da aus dem Wortlaut des § 4 WO keine Einschränkung ersichtlich ist, die das Einspruchsrecht ausschließlich den Arbeitnehmern zuspricht. Tatsächlich sollte es der im Betrieb vertretenen Gewerkschaft zustehen, Einspruch gegen die Wählerliste zu erheben. Die gegenteilige Meinung verkennt die umfassende betriebsverfassungsrechtliche Stellung der Gewerkschaft sowie ihre weitreichenden Unterstützungs- und Beratungsfunktionen im Betrieb.

134. Kann der Arbeitgeber Einspruch gegen die Wählerliste einlegen?

Der Arbeitgeber hat kein Recht, Einspruch einzulegen. Dies liegt unter anderem daran, dass seine Position bereits sehr stark ist. Er liefert dem Wahlvorstand die nötigen Informationen zur Erstellung der Wählerliste. Daher ist er in der Regel nicht darauf angewiesen, Entscheidungen des Wahlvorstands mit Blick auf die Wählerliste vor der Wahl gerichtlich anzufechten. Nach der geänderten Regelung in § 19 Abs. 3 Satz 3 BetrVG kann der Arbeitgeber auch nach der Wahl kein Anfechtungsverfahren einleiten, wenn die Fehler auf seinen eigenen Angaben beruhen.

135. Kann jemand wegen der Zuordnung als Leitender Angestellter Einspruch einlegen?

Ein Einspruch gegen die Wählerliste ist jedenfalls nicht erlaubt, wenn er darauf basiert, dass die Zuordnung nach § 18a BetrVG falsch war (Abs. 2 Satz 2). Das bedeutet, ein Arbeitnehmer kann nicht sagen, dass er seiner Meinung nach nicht richtig zu den leitenden Angestellten nach § 5 Abs. 3 BetrVG zugeordnet wurde, wenn er mit dem Zuordnungsverfahren nach § 18a BetrVG nicht einverstanden ist. Das gleiche gilt, wenn er meint, er wurde fälschlicherweise zu den leitenden Angestellten gezählt. Ein Einspruch ist jedoch erlaubt, wenn alle Beteiligten die Zuordnung eindeutig für falsch halten. Der Vermittler wird dabei nicht als Beteiligter gesehen, weil er vermutlich nicht die Entscheidung, die er trifft, für »offensichtlich fehlerhaft« halten würde.
Ein Fehler in der Zuordnung kann auch dann offensichtlich sein, wenn sich nach der Erstellung der Wählerliste die Tätigkeit oder der Dienstvertrag eines Mitarbeiters ändert und er nun zu den leitenden Angestellten gehören müsste. Wenn ein Gericht eine endgültige Entscheidung trifft, die im Widerspruch zur Wählerliste steht, kann ebenfalls Einspruch erhoben werden. Wenn die Zuordnung fehlerhaft ist, aber der Fehler nicht offensichtlich ist, kann man keinen Einspruch einlegen.

136. Wie muss die Entscheidung des Wahlvorstands über den Einspruch aussehen?

Der Wahlvorstand muss über Einsprüche ohne schuldhafte Verzögerung entscheiden, darf sich aber die nötige Zeit für eine sachgerechte Prüfung nehmen. Die Entscheidung erfolgt durch Mehrheitsbeschluss und wird im Sitzungsprotokoll festgehalten. Die Entscheidung ist dem Arbeitnehmer, der den Einspruch eingelegt hat, unverzüglich schriftlich mitzuteilen. Dabei genügt es nicht, die Mitteilung erst am letzten möglichen Tag vor der Stimmabgabe zuzustellen, sondern sie muss tatsächlich zeitnah erfolgen.
Die Mitteilung sollte nach Möglichkeit im Betrieb und am besten mit Empfangsbestätigung erfolgen, um den rechtzeitigen Zugang nachweisen zu können. Eine Zustellung an die Privatadresse des Arbeitnehmers ist nur in Ausnahmefällen erforderlich, beispielsweise bei Krankheit, wenn

der Arbeitnehmer voraussichtlich nicht rechtzeitig vor der Stimmabgabe in den Betrieb zurückkehren kann. Falls notwendig, kann die Mitteilung auch telegrafisch übermittelt werden.
Der Wahlvorstand ist nicht verpflichtet, seine Entscheidung zu begründen. Im Falle einer Ablehnung sollte er dies jedoch tun, um dem Arbeitnehmer die Gründe darzulegen. Auch wenn der Einspruch für berechtigt erachtet wird, muss ein Einspruchsbescheid erteilt werden, wobei eine Begründung in diesem Fall oft entbehrlich ist.
Wird einem Einspruch stattgegeben, ist der Wahlvorstand verpflichtet, die Wählerliste entsprechend zu berichtigen. Dies betrifft alle ausgelegten und archivierten Exemplare. Falls die Wählerliste auch elektronisch geführt wird, muss die Berichtigung entsprechend übernommen werden. Wird sie ausschließlich elektronisch verwaltet, muss der Wahlvorstand sicherstellen, dass alle Arbeitnehmer von der Änderung Kenntnis erhalten.

137. Muss der Wahlvorstand bei jeder Korrektur der Wählerliste einen Beschluss fassen?

Ja, jede Änderung der Wählerliste erfordert einen Beschluss des Wahlvorstands. Dies gilt selbst für kleinere Änderungen wie die Korrektur von Schreibfehlern. Änderungen sind lediglich bis zum Tag vor Beginn der Stimmabgabe zulässig. Läuft die Stimmabgabe über mehrere Tage, zählt der erste Tag der Abstimmung als maßgeblicher Zeitpunkt.

138. Kann der Wahlvorstand die Wählerliste beliebig lange korrigieren?

Nein, so einfach ist das nicht! Nur während der zweiwöchigen Einspruchsfrist kann der Wahlvorstand die Wählerliste ohne weiteres korrigieren oder ändern, sofern ein entsprechender Beschluss gefasst wird. Nach Ablauf dieser Frist wird es jedoch komplizierter. Der Wahlvorstand ist deshalb verpflichtet, die Wählerliste vor Ablauf der Einspruchsfrist nochmals zu prüfen (§ 4 Abs. 3 WO). Nach Ende der Frist sind Änderungen nämlich nur noch in Ausnahmefällen möglich, beispielsweise bei offensichtlichen Schreibfehlern, klaren Unrichtigkeiten oder bei Änderungen im

Beschäftigungsverhältnis wie Eintritt oder Austritt von Wahlberechtigten. Solche Korrekturen können noch bis zum Abschluss der Stimmabgabe vorgenommen werden

139. Welche Folgen hat der Einspruch für die Anfechtung vor Gericht?

Bis zur Einführung des Betriebsrätemodernisierungsgesetzes im Jahr 2021 gehörten Fehler in der Wählerliste zu den häufigsten Gründen für die Anfechtung von Betriebsratswahlen vor Gericht. Dies hat sich nun geändert: Eine gerichtliche Anfechtung aufgrund fehlerhafter Wählerlisten ist nur noch möglich, wenn zuvor ein Einspruch gegen den Fehler eingelegt wurde – und dieser vom Wahlvorstand abgelehnt oder nicht korrigiert wurde. Wer keinen Einspruch erhoben hat, kann demnach keine Anfechtungsklage vor Gericht einreichen.

Durch diese Neuregelung soll sichergestellt werden, dass Unstimmigkeiten in der Wählerliste bereits vor der Wahl geklärt werden (§ 19 Abs. 3 BetrVG). Die Beschäftigten sollen sich frühzeitig mit der Wählerliste auseinandersetzen und gegebenenfalls notwendige Korrekturen anstoßen. Dies entzerrt das Verfahren, vermeidet langwierige gerichtliche Auseinandersetzungen und führt dazu, dass viele potenzielle Wahlanfechtungen gar nicht erst nötig werden oder vor Gericht keinen Erfolg haben.

L. Wahlausschreiben – der Start der Betriebsratswahl

Das Wahlausschreiben markiert den offiziellen Beginn der Wahlphase. Es dient dazu, die Belegschaft umfassend über alle relevanten Aspekte der Wahl zu informieren, klare Fristen und Termine festzulegen sowie die gesetzlichen Vorgaben der Wahlordnung einzuhalten. Besonders wichtig ist die Information über das Wählerverzeichnis und über die Frist zur Einreichung von Wahlvorschlägen. Zu beachten ist, dass die Anforderungen des Wahlausschreibens für das vereinfachte Wahlverfahren – sowohl das einstufige als auch das zweistufige – in Details abweichen.

140. Warum ist das Wahlausschreiben so wichtig?

Mit dem Wahlausschreiben nimmt der Wahlprozess seinen Lauf. Es dient dazu, die Belegschaft umfassend über alle relevanten Aspekte der Wahl zu informieren und wichtige Hinweise zu geben. Besonders entscheidend: Ab der Veröffentlichung des Wahlausschreibens beginnt (im normalen Wahlverfahren) die zweiwöchige Frist zur Einreichung von Wahlvorschlägen. Im vereinfachten Wahlverfahren können noch bis eine Woche vor dem Wahltag die Wahlvorschläge eingereicht werden. Die genauen Anforderungen an das Wahlausschreiben sind in § 3 WO geregelt.

Das Wahlausschreiben wird vom Wahlvorstand erstellt und bekannt gemacht. Es muss gut sichtbar ausgehängt werden – zum Beispiel am »Schwarzen Brett«. Zusätzlich kann es elektronisch veröffentlicht werden, etwa im Intranet.

Hinweis:
Eine rein elektronische Veröffentlichung ist nur zulässig, wenn sichergestellt ist, dass alle Beschäftigten Zugang haben und ausschließlich der Wahlvorstand Änderungen vornehmen kann (§ 2 Abs. 4 WO). In jedem Fall bleibt der Aushang das rechtlich bindende Dokument, es sei denn, die elektronische Veröffentlichung erfüllt die strengen Anforderungen der Wahlordnung.

141. Was muss im Wahlausschreiben stehen?

Das Wahlausschreiben muss sämtliche Angaben gemäß § 3 WO enthalten.

Hinweis: Für das vereinfachte Wahlverfahren gelten gewisse Besonderheiten (siehe dazu Fragen Nr. 142 und 143).

Folgende Punkte müssen in das Wahlausschreiben hinein:

- Datum der Veröffentlichung des Wahlausschreibens
- Ort zur Einsicht der Wählerliste und der WO, einschließlich Informationen zur elektronischen Einsicht (falls vorhanden)
- Hinweis, dass nur Arbeitnehmer:innen, die in der Wählerliste eingetragen sind, wählen dürfen.
- Hinweis auf die Frist für das Einlegen des Einspruchs gegen die Wählerliste (= 2 Wochen) mit Angabe von Fristende und Uhrzeit
- Hinweis auf Ausschlussgründe bei verspäteten Einsprüchen
- Angaben zum Geschlechterverhältnis im Betriebsrat und zur Vertretung von Minderheiten
- Anzahl der Betriebsratsmitglieder und Mindestanzahl der Sitze für das Geschlecht in der Minderheit
- Hinweis auf erforderliche Anzahl von Unterstützungsunterschriften für Wahlvorschläge bzw. Listen
- Vorgaben für die Unterzeichnung durch Gewerkschaften
- Hinweis auf die Zwei-Wochen-Frist für die Einreichung von Wahlvorschlägen mit Angabe von Fristende und Uhrzeit
- Hinweis zur Gültigkeit der Wahlvorschläge: Nur fristgerecht eingereichte Vorschläge werden berücksichtigt
- Ort des Aushangs der Wahlvorschläge bis zur Stimmabgabe
- Angaben zur Stimmabgabe: Ort, Datum, Uhrzeit und Informationen zur schriftlichen Stimmabgabe

- Adresse des Wahlvorstands für Einsprüche, Wahlvorschläge und andere Mitteilungen
- Ort, Datum und Uhrzeit der öffentlichen Stimmauszählung

142. Was gilt für das Wahlausschreiben im vereinfachten Wahlverfahren – einstufig?

Für das vereinfachte Wahlverfahren gelten gewisse Sonderregeln – vor allem abweichende und kürzere Fristen. Beim einstufigen vereinfachten Wahlverfahren existiert bereits ein Wahlvorstand, daher findet nur eine einzige Wahlversammlung (= Wahltag) statt. Das Wahlausschreiben wird (anders als beim zweistufigen Verfahren) schriftlich erlassen. Einspruch gegen die Wählerliste muss binnen drei Tagen nach Erlass des Wahlausschreibens eingereicht werden.

Daher muss das Wahlausschreiben für das vereinfachte Wahlverfahren gemäß § 31 WO i. V. mit § 36 Abs. 2 WO folgende Angaben enthalten:

- Datum des Erlasses des Wahlausschreibens
- Hinweis auf den Ort der Einsichtnahme und elektronische Abrufmöglichkeit für Wählerliste und Wahlordnung
- Hinweis auf Wählerliste und die Frist für das Einlegen des Einspruchs gegen die Wählerliste (die Frist beträgt 3 Tage nach Veröffentlichung des Wahlausschreibens)
- Hinweis, dass die Wahlvorschläge bis spätestens eine Woche vor dem Wahltag (= Wahlversammlung) eingereicht werden müssen
- Hinweis auf Geschlechterverhältnis: Minderheitengeschlecht muss proportional vertreten sein (ab drei Mitgliedern)
- Hinweis auf die Anzahl der Betriebsratsmitglieder und Mindestsitze für das Minderheitengeschlecht
- Hinweis auf Zahl der Stützunterschriften; Wahlvorschläge nur schriftlich beim Wahlvorstand
- Gewerkschaftsvorschläge: Unterschrift von 2 Beauftragten nötig
- Hinweis auf Stimmabgabe: Nur fristgerechte Vorschläge werden berücksichtigt
- Hinweis auf Aushang: Ort des Aushangs der Wahlvorschläge
- Hinweis auf Wahlversammlung: Ort, Tag und Zeit der Betriebsratswahl

- Hinweis auf die Möglichkeit der nachträglichen Stimmabgabe für schriftlich abstimmende Beschäftigte (Briefwahl; § 14a Abs. 4 BetrVG), wobei das Verlangen auf schriftliche Stimmabgabe spätestens drei Tage vor der zweiten Wahlversammlung gestellt sein muss
- Hinweis auf Details zur Stimmabgabe: Ort, Tag, Zeit und betroffene Betriebsteile
- Hinweis auf Einspruchsort: Adresse des Wahlvorstands
- Stimmauszählung: Ort, Tag und Uhrzeit der Auszählung

143. Was gilt für das Wahlausschreiben im vereinfachten Wahlverfahren – zweistufig?

Beim vereinfachten zweistufigen Wahlverfahren wird der Wahlvorstand auf der ersten Wahlversammlung bestellt, auf der zugleich auch das Wahlausschreiben erlassen wird und die Wahlvorschläge eingereicht werden, für die daher – da es sich um eine Präsenzveranstaltung handelt – die Schriftform entfällt. Diese Hinweise müssen in das Wahlausschreiben hinein. Zudem gelten Besonderheiten für die Briefwahl, die auch nach dem Wahltag noch möglich ist.

Folgende Angaben muss das Wahlausschreiben daher beim vereinfachten zweistufigen Verfahren in Abweichung zum vereinfachten einstufigen Verfahren enthalten (§ 31 Abs. 1 Satz 3 WO):

- Den Hinweis, dass Wahlvorschläge bis zum Abschluss der 1. Wahlversammlung beim Wahlvorstand eingereicht werden müssen;
- den Hinweis, dass Wahlvorschläge, die erst auf der 1. Wahlversammlung zur Wahl der Wahlversammlung gemacht werden, nicht der Schriftform bedürfen;
- Hinweis auf die Möglichkeit der nachträglichen Stimmabgabe für schriftlich abstimmende Beschäftigte (Briefwahl; § 14a Abs. 4 BetrVG), wobei das Verlangen auf schriftliche Stimmabgabe spätestens drei Tage vor der zweiten Wahlversammlung gestellt sein muss (Hinweis: Dieser Punkt ist identisch beim einstufigen vereinfachten Wahlverfahren!)
- Angabe der Betriebsteile, für die schriftliche Stimmabgabe beschlossen worden ist

- Den Ort, am dem die Briefwahlunterlagen und die Einsprüche und sonstige Erklärungen gegenüber dem Wahlvorstand abgegeben werden können (Betriebsadresse des Wahlvorstands).

Für alle weiteren Punkte, die in das Wahlausschreiben hineingehören, gelten die Hinweise oben zum vereinfachten einstufigen Verfahren.

144. Wann ist der richtige Zeitpunkt für das Wahlausschreiben?

Zwischen der Veröffentlichung des Wahlausschreibens und dem ersten Tag der Stimmabgabe müssen mindestens sechs Wochen liegen – der Erlasstag wird dabei nicht mitgezählt. Diese Frist ist zwingend, da eine Nichteinhaltung zur Anfechtung der Wahl führen kann (§ 19 BetrVG). Idealerweise liegt der erste Wahltag spätestens eine Woche vor Ablauf der Amtszeit des bisherigen Betriebsrats, eher früher.
Das Dokument muss vom Vorsitzenden und mindestens einem weiteren stimmberechtigten Mitglied des Wahlvorstands unterschrieben werden. Ohne Unterschrift gilt es nicht als erlassen. Fehlt die zweite Unterschrift, liegt zwar ein Verfahrensfehler vor, dieser führt jedoch weder zur Nichtigkeit noch zur Anfechtbarkeit der Wahl, sofern der Wahlvorstand ordnungsgemäß beschlossen hat.

145. Wie muss das Wahlausschreiben »ausgehängt« werden?

Das Wahlausschreiben muss nach § 3 Abs. 3 WO ausgehängt werden. Das heißt: Das Original des Wahlausschreibens bleibt in den Unterlagen des Wahlvorstands. Eine Kopie oder ein Abdruck muss jedoch ausgehängt werden. Dieser Aushang kann an mehreren Stellen im Betrieb erfolgen. Wichtig ist, dass er an einem Ort hängt, den die Wahlberechtigten leicht erreichen können und wahrscheinlich auch aufsuchen, z. B. am »Schwarzen Brett«.
Alle Aushänge müssen bis zum letzten Wahltag gut leserlich bleiben. Das ist wichtig, da die Informationen im Wahlausschreiben während des gesamten Wahlverfahrens gültig sind, z. B. wichtige Termine. Gibt es meh-

rere Betriebsstätten, muss in jeder ein Abdruck ausgehängt werden. Wird das nicht gemacht, kann die Wahl nach § 19 Abs. 1 BetrVG angefochten werden. Wird das Wahlausschreiben an mehreren Orten ausgehängt, gilt die Wahl erst als offiziell eingeleitet, wenn das Wahlausschreiben am letzten Ort ausgehängt ist. Wird es auch online bekannt gemacht, beginnt die Wahl, sobald die Beschäftigten die Möglichkeit zur Kenntnisnahme von der digitalen Bekanntmachung haben.

146. Reicht auch eine reine Online-Veröffentlichung des Wahlausschreibens?

Eine elektronische Bekanntmachung ist ausreichend, wenn alle Beschäftigten im Unternehmen so ausgestattet sind, dass sie von einer reinen Digitalfassung Kenntnis nehmen können. Zudem wird teilweise gefordert, dass nur der Wahlvorstand Änderungen an dem digitalen Wahlausschreiben vornehmen können soll, Ist es zum Beispiel möglich, dass auch die Systemadministratoren das Dokument ändern können, wird es problematisch. Einige Gerichte haben entschieden, dass dadurch ein Wahlausschreiben nicht vor Manipulation geschützt ist und folglich die elektronische Bekanntmachung entsprechend nicht ausreicht. Allerdings wird es im Zuge der zunehmenden Digitalisierung der gesamten Arbeitswelt sicherlich künftig noch stärker üblich sein, dass die Wahlausschreiben nur noch digital bekannt gemacht werden. Die entsprechenden Sicherungen gegen Manipulationen werden kein Problem mehr sein.

147. Muss das Wahlausschreiben zwingend unterzeichnet werden?

Das Wahlausschreiben muss vom Vorsitzenden und mindestens einem weiteren stimmberechtigten Mitglied des Wahlvorstands unterschrieben werden. Fehlen beide Unterschriften, ist das Wahlausschreiben ungültig. Wenn nur der Vorsitzende unterschreibt, ist das ein Verfahrensfehler, der jedoch nicht zur Nichtigkeit der Wahl führt. In einem solchen Fall kann die Wahl auch nicht angefochten werden, solange der Wahlvorstand den

Inhalt des Wahlausschreibens und das Datum der Veröffentlichung ordnungsgemäß beschlossen hat.

148. Warum ist der Hinweis auf das Wählerverzeichnis so wichtig?

Das Wahlausschreiben weist die Wähler:innen ausdrücklich darauf hin, ihre Eintragung im Wählerverzeichnis zu prüfen. Nur wer im Verzeichnis eingetragen ist, darf wählen (§ 2 Abs. 3 WO). Jeder Beschäftigte sollte daher gleich nach Bekanntgabe des Wahlausschreibens prüfen, ob er richtig eingetragen ist. Auch wenn rechtlich die Wahlberechtigung nicht von dieser Eintragung abhängt, kann nur wählen, wer im Wählerverzeichnis steht (§ 2 Abs. 3 WO).
Fehler können durch Einsprüche korrigiert werden, und seit 2021 ist ein Einspruch gegen die Wählerliste Voraussetzung für eine spätere Anfechtung der Wahl (§ 19 Abs. 3 BetrVG).

149. Kann das Wahlausschreiben korrigiert werden?

Ein Wahlausschreiben kann Fehler enthalten. Diese sind nur eingeschränkt korrigierbar, da das Wahlausschreiben die Wahl einleitet und damit wichtige Fristen zu laufen beginnen. Offensichtliche Schreibfehler können jederzeit korrigiert werden. Schwieriger sind inhaltliche Fehler. Korrekturen sind nur zulässig, wenn das Wahlrecht der Arbeitnehmer:innen gewahrt bleibt und die Korrektur rechtzeitig erfolgt.
Besonders heikel sind Änderungen, die Auswirkungen auf die Wahlvorschläge bzw. Vorschlagslisten haben, wie z. B. eine falsche Berechnung der Betriebsratsgröße, eine falsche Anzahl erforderlicher Stützunterschriften oder Fehler bei der Minderheitenquote. Eine verbreitete Meinung erlaubt Korrekturen daher nur vor Einreichung der Wahlvorschläge. Eine andere Meinung fordert in jedem Fall ein neues Wahlausschreiben.
Im Zweifelsfall sollte der Wahlvorstand daher immer eher ein neues Wahlausschreiben herausgeben, um Fehler zu vermeiden. Jede Berichtigung muss ausdrücklich bekannt gemacht werden. Wird der Wahltermin ver-

schoben, muss das ursprüngliche Wahlausschreiben zurückgezogen und ein neues erstellt werden.

150. Können Fehler im Wahlausschreiben die Wahl anfechtbar machen?

Ja – durchaus, sofern die Fehler dazu führen, dass das Wahlergebnis dadurch beeinflusst wird (siehe dazu Kapitel P. »Anfechtung und Nichtigkeit«). Die häufigsten Fehler im Zusammenhang mit dem Wahlausschreiben sind: Es wird es zu spät veröffentlicht, obwohl es z. B. beim normalen Verfahren mindestens sechs Wochen vor dem ersten Wahltag erlassen werden muss. Ein weiterer häufiger Fehler ist, dass das Wahlausschreiben nicht alle vorgeschriebenen Inhalte gemäß der Wahlordnung (siehe oben Nr. 141 ff.) enthält. Zudem werden die formalen Anforderungen nicht immer eingehalten – etwa die Pflicht, das Wahlausschreiben an einer für alle Wahlberechtigten zugänglichen Stelle bis zum Ende der Betriebsratswahl auszulegen.

M. Briefwahl: Wann ist sie zulässig, wann sogar zwingend?

Die persönliche Stimmabgabe ist die Regel – doch unter bestimmten Bedingungen ist Briefwahl erlaubt. Ist absehbar, dass der Beschäftigte nicht im Betrieb ist, muss der Wahlvorstand sogar automatisch die Unterlagen verschicken. Für das vereinfachte Verfahren gelten längere Fristen für die Zurücksendung der Briefwahlunterlagen.

151. In welchen Fällen ist Briefwahl zulässig?

Briefwahl ist nicht ohne Grund zulässig. Die Wahlordnung sieht als Regel die persönliche Stimmabgabe im Betrieb vor. Nur in bestimmten Ausnahmefällen soll Briefwahl erlaubt sein. Diese Fälle sind § 24 WO zu entnehmen. Nur wenn einer dieser Fälle vorliegt, ist Briefwahl zulässig, sonst nicht.

- **Briefwahl auf Antrag (§ 24 Abs. 1 WO)**
  Wahlberechtigte, die am Wahltag voraussichtlich nicht im Betrieb anwesend sein können, haben da Recht, Briefwahl beim Wahlvorstand zu beantragen. Sie haben Anspruch darauf, vom Wahlvorstand die nötigen Unterlagen für die schriftliche Stimmabgabe zu erhalten.
- **Briefwahl von Amts wegen (§ 24 Abs. 2 WO)**
  In bestimmten Fällen muss der Wahlvorstand die Wahlunterlagen automatisch (= von Amts wegen) an die Beschäftigten verschicken. Dies ist der Fall, wenn dem Wahlvorstand bekannt ist, dass Wahlberechtigte aufgrund »der Eigenart ihres Arbeitsverhältnisses« oder wegen Ruhen des Arbeitsverhältnisses oder Arbeitsunfähigkeit am Tag der Wahl abwesend sein werden. In diesen Fällen brauchen die Beschäftigten keinen Antrag auf Briefwahl zu stellen. Die WO nennt in § 24 Abs. 2 exempla-

risch einige Fälle für die besonderen Arbeitsverhältnisse: Außendienst, Telearbeit oder Heimarbeit. Es gibt aber zahlreiche weitere Fälle (siehe dazu Frage Nr. 154).

- **Briefwahl per Beschluss (§ 24 Abs. 3 WO)**
  Für Betriebsteile und Kleinstbetriebe, die räumlich weit vom Hauptbetrieb entfernt sind, kann der Wahlvorstand die schriftliche Stimmabgabe beschließen.

152. Darf ein Briefwähler oder eine Briefwählerin trotzdem persönlich wählen?

Ja, auch wenn jemand Briefwahl beantragt oder von Amts wegen die Unterlagen erhalten hat, kann er seine Stimme am Wahltag persönlich abgeben. In diesem Fall hat die persönliche Stimmabgabe Vorrang. Der Wahlvorstand sorgt dafür, dass keine doppelte Stimmabgabe erfolgt. Bereits eingegangene Briefwahlunterlagen werden sicher aufbewahrt und bleiben ungeöffnet.

153. Ist der Grund der Abwesenheit für die Briefwahl wichtig?

Nein, der Grund spielt keine Rolle. Es ist egal, ob die Abwesenheit aus betrieblichen Gründen (z. B. Dienstreise, Montagearbeit) oder persönlichen Gründen (z. B. Urlaub, Krankheit, Arbeitsbefreiung) beruht. Auch andere Gründe wie die Erfüllung staatsbürgerlicher Pflichten (z. B. Tätigkeit als Arbeits- oder Sozialrichter, Wehr- oder Zivildienst) können Briefwahl rechtfertigen. Auch die Dauer der Abwesenheit ist unerheblich. Entscheidend ist nur, dass der Wahlberechtigte zum Zeitpunkt der Beantragung der Briefwahlunterlagen voraussichtlich nicht im Betrieb sein wird. Falls er dennoch anwesend ist, kann er seine Stimme auch persönlich abgeben.

154. In welchen Fällen verschickt der Wahlvorstand die Briefwahlunterlagen automatisch?

Der Wahlvorstand muss Wahlberechtigten, die aufgrund der Art ihres Arbeitsverhältnisses voraussichtlich am Wahltag nicht im Betrieb sind, die Briefwahlunterlagen automatisch zusenden – ein Antrag ist in diesen Fällen nicht erforderlich (Briefwahl von Amts wegen, § 24 Abs. 2 WO, siehe dazu Frage Nr. 151). Dies betrifft Beschäftigte, die laut Arbeitsvertrag regelmäßig oder überwiegend nicht im Betrieb arbeiten. Die WO nennt explizit: Heimarbeiter, Außendienstmitarbeiter, Telearbeitnehmer:innen. Aber auch wer absehbar am Tag der Wahl oder an allen Tagen der Wahl im Homeoffice sein wird, muss automatisch Briefwahlunterlagen erhalten.
Auch Arbeitnehmer:innen, die im Rahmen eines Blockmodells der Altersteilzeit arbeiten und nicht freigestellt sind, erhalten automatisch Briefwahlunterlagen. Für Beschäftigte im Schichtbetrieb sollte der Wahlraum während der Schichtzeiten geöffnet sein. Ist dies nicht möglich, kommt Briefwahl in Betracht. Auch bei Leiharbeitnehmer:innen kommt Briefwahl in Betracht.
Zudem sollte der Wahlvorstand folgenden Personen die Unterlagen automatisch zusenden:

- Arbeitnehmerinnen im Mutterschutz
- Beschäftigten in Elternzeit oder Pflegezeit
- Beschäftigten im Sabbatical
- Langfristig erkrankten oder arbeitsunfähigen Beschäftigten
- Beschäftigten, die sich am Wahltag in einem längeren Urlaub befinden.
- Ziel ist es, allen Wahlberechtigten die Teilnahme an der Wahl zu ermöglichen, auch wenn sie über einen längeren Zeitraum abwesend sind.

155. Zu welchem Zeitpunkt muss der Wahlvorstand die Briefwahlunterlagen verschicken?

Der Wahlvorstand sollte die Briefwahlunterlagen an dem Tag, an dem die Wahlvorschläge/Vorschlagslisten im Betrieb bekannt gemacht wurden, versenden. Die Briefwahlunterlagen können aber noch bis zum Wahltag von den Wahlberechtigten angefordert werden.

156. Was müssen die Briefwahlunterlagen enthalten?

Die Briefwahlunterlagen müssen folgendes enthalten (§ 24 Abs. 1 Nr. 1–5 WO):

- Wahlausschreiben
- Wahlvorschläge
- Stimmzettel und Wahlumschlag
- vorgedruckte vom Wähler abzugebende Erklärung mit Versicherung, dass Stimmzettel von ihm persönlich gekennzeichnet wurde
- größerer Freiumschlag mit Anschrift des Wahlvorstandes und Absender des Wahlberechtigten sowie Vermerk »Schriftliche Stimmabgabe«.

Sinnvoll (aber nicht notwendig) ist, wenn der Wahlvorstand noch ein Merkblatt über den Ablauf der schriftlichen Stimmabgabe beifügt.

157. Wie schickt der Briefwähler oder die Briefwählerin die Unterlagen zurück?

Der Briefwähler oder die Briefwählerin muss den ausgefüllten, korrekt gefalteten Stimmzettel in den Wahlumschlag legen. Der Stimmzettel und der Wahlumschlag dürfen keine Kennzeichen enthalten, die Rückschlüsse auf die Person ermöglichen. Fehlerhaftes Falten kann die Stimme ungültig machen. Der Wahlumschlag muss nicht zugeklebt werden, außer der Wahlvorstand hat dies ausdrücklich angeordnet. Es wird jedoch davon abgeraten, da dies den Auszählungsprozess verzögern kann.
Der Wähler oder die Wählerin muss die mitgeschickte Erklärung, die bestätigt, dass der Stimmzettel persönlich ausgefüllt wurde, mit Ort und Datum unterschreiben. Diese Erklärung wird zusammen mit dem Wahlumschlag, aber getrennt davon, in den größeren Freiumschlag gelegt, der dann zu verschließen ist. Ein offener Freiumschlag führt dazu, dass die Stimme nicht berücksichtigt wird. Gleiches gilt, wenn die Erklärung fehlt, nicht unterschrieben ist oder irrtümlich im Wahlumschlag landet.

> **Hinweis:**
> Bei Bedarf kann der Wähler oder die Wählerin eine Vertrauensperson mit der Durchführung der Wahlhandlungen beauftragen (§ 12 WO).

Der Freiumschlag muss rechtzeitig beim Wahlvorstand eintreffen, bevor die Stimmabgabe endet. Zu spät eingehende Freiumschläge werden nicht berücksichtigt, selbst wenn die Auszählung noch nicht begonnen hat. Es ist jedoch erlaubt, den Freiumschlag vor dem Wahltag einzureichen, beispielsweise aus Urlaubsgründen.

158. Was muss der Wahlvorstand mit den zurückgeschickten Briefwahlunterlagen machen?

Der Wahlvorstand hat die bei ihm eingehenden Freiumschläge mit einem Eingangsvermerk zu versehen. Die Umschläge darf er erst am Wahltag öffnen. Kommt die Stimmabgabe per Briefwahl zu spät an, muss der Wahlvorstand dies auf dem Freiumschlag vermerken und diesen bei den Wahlunterlagen aufbewahren.
Erst zu Beginn der öffentlichen Stimmauszählung (Ort und Zeitpunkt wie im Wahlausschreiben angegeben) darf der Wahlvorstand die Freiumschläge öffnen. Dann vermerkt er die Stimmabgabe in der Wählerliste, damit Doppelabstimmungen ausgeschlossen werden können. Dann legt er den (zulässig gefalteten – sonst ungültigen!) Stimmzettel in die Wahlurne, § 26 Abs. 1 WO.

159. Wann ist der Wahlvorgang abgeschlossen?

Die Stimmabgabe endet, wenn die im Wahlausschreiben festgelegte Zeit abgelaufen ist. Bei mehreren Wahltagen gilt der letzte Tag als maßgeblich. Wird die im Wahlausschreiben angegebene Zeit nicht eingehalten, stellt dies grundsätzlich einen wesentlichen Verstoß gegen Wahlvorschriften dar und kann eine Wahlanfechtung begründen (§ 3 WO). Auch wenn alle eingetragenen Arbeitnehmer:innen ihre Stimmen vorzeitig abgegeben haben, darf die Auszählung erst nach Ablauf der im Wahlausschreiben angegebenen Zeit beginnen, um die in § 13 WO geforderte Öffentlichkeit zu gewährleisten. Wenn die Stimmauszählung nicht direkt nach dem Ende der Wahl erfolgt, muss die Wahlurne versiegelt werden.

160. Welche Besonderheiten gelten für die Briefwahl im vereinfachten Verfahren?

Besonderheiten gelten für die Briefwahl im vereinfachten Verfahren (§ 35 WO): Anders als im normalen Wahlverfahren können die Briefwahlstimmen auch nach dem Wahltag noch eingehen. Das liegt daran, dass die Fristen im vereinfachten Verfahren relativ kurz sind und es praktisch kaum möglich wäre, die Briefwahlunterlagen innerhalb dieser kurzen (einwöchigen) Frist rechtzeitig zu beantragen und zurückzusenden.
Wahlberechtigte, die am Wahltag nicht im Betrieb sind, unabhängig vom Grund ihrer Abwesenheit, können die Unterlagen für die schriftliche Stimmabgabe anfordern. Der Antrag auf Briefwahl muss spätestens drei Tage vor der zweiten Wahlversammlung beim Wahlvorstand eingehen. Wird die schriftliche Stimmabgabe genutzt, verschiebt sich die öffentliche Stimmauszählung entsprechend. Der Wahlvorstand setzt hierfür eine Frist fest, die eine ordnungsgemäße Stimmenabgabe ermöglicht. Eine Frist von vier Tagen nach der zweiten Wahlversammlung wird empfohlen.
Die Wahlordnung legt keine konkrete Frist für die nachträgliche schriftliche Stimmabgabe fest. Daher ist davon auszugehen, dass die Frist so bemessen werden muss, dass eine ordnungsgemäße Briefwahl unter Berücksichtigung betrieblicher Gegebenheiten und der üblichen Postlaufzeiten gewährleistet ist. Die Meinungen darüber, welche Frist als angemessen gilt, gehen jedoch stark auseinander und variieren zwischen mindestens drei Tagen und maximal einer Woche. Da die Fristen im vereinfachten Wahlverfahren nicht zu lang sein dürfen, wird allgemein eine Frist von vier Tagen nach der Wahlversammlung zur Wahl des Betriebsrats als ausreichend erachtet (vgl. auch § 35 WO).

161. Werden Betriebsratswahlen künftig als Online-Wahlen durchgeführt werden?

Das ist derzeit schwer absehbar. Ende 2024 gab es im Rahmen des Tariftreuegesetzes einen Gesetzesvorschlag, der die elektronische Stimmabgabe als zusätzliche Option zur bisherigen Urnen- und Briefwahl einführen sollte. Allerdings ist mit den vorzeitigen Neuwahlen im Jahr 2025 derzeit unklar, wie es mit diesem Gesetz weiter gehen wird.

Die Entscheidung, ob eine Online-Wahl im Betrieb angeboten wird, sollte nach dem Gesetzentwurf im Einvernehmen zwischen Betriebsrat und Arbeitgeber getroffen werden. Für die Durchführung der Online-Wahl sollten bestimmte technische Voraussetzungen erfüllt sein. Es sollten nach dem Gesetzentwurf ausschließlich Onlinewahlprodukte verwendet werden, die nach dem Schutzprofil BSI-CC-PP-0121 des Bundesamtes für Sicherheit in der Informationstechnik (BSI) zertifiziert sind. Bevor allerdings keine gesetzliche Grundlage für Online-Wahlen besteht, sind diese unzulässig und führen, sollten Betriebe ein elektronisches Verfahren verwenden, zur Anfechtbarkeit oder sogar zur Nichtigkeit der Wahl.

162. Berechtigen Fehler bei der Briefwahl oder Verstöße gegen das Verbot der Online-Wahl zur Anfechtung der Betriebsratswahl?

Fehler bei der Briefwahl können unter bestimmten Umständen zur Anfechtung der Wahl berechtigen. Dazu gehört beispielsweise, wenn berechtigte Arbeitnehmer:innen ihre Briefwahlunterlagen nicht erhalten und dadurch in ihrem Wahlrecht eingeschränkt werden. Ebenso kann eine generelle Zulassung der Briefwahl ohne die in der Wahlordnung (§ 24 WO) festgelegten Voraussetzungen einen Anfechtungsgrund darstellen. Ein weiterer kritischer Fehler liegt vor, wenn Wahlwerbung zusammen mit den Briefwahlunterlagen versandt wird, da dies die Neutralität des Wahlverfahrens gefährden kann. Schließlich ist auch eine Briefwahl ohne einen entsprechenden Beschluss des Wahlvorstands problematisch und kann eine Anfechtung der Wahl rechtfertigen.

Solange Online-Wahlen nicht zulässig sind, können Wahlen, die elektronisch durchgeführt werden, angefochten werden. Sie sind ggf. sogar nichtig.

N. Wahltag – Stimmabgabe – Stimmauszählung

Für die korrekte Durchführung der Wahl am Wahltag trägt der Wahlvorstand die Verantwortung. Dazu gehört die Organisation eines geeigneten Wahlraums und einer Wahlurne, die Sicherstellung des Wahlgeheimnisses und die Unterstützung von Wählerinnen und Wählern, die Hilfe benötigen. Ebenso muss er für eine ordnungsgemäße Stimmauszählung und Bekanntgabe des Stimmergebnisses sorgen.

163. Was muss der Wahlvorstand für die eigentliche Wahl vorbereiten?

Der Wahlvorstand muss den Wahlraum (oder mehrere Wahlräume) für einen festgelegten Tag organisieren. Der erste Wahltag soll spätestens eine Woche vor Ablauf der Amtszeit des amtierenden Betriebsrats stattfinden (§ 3 Abs. 1 Satz 3 WO). Im Wahlausschreiben müssen Ort, Tag und Zeit der Stimmabgabe angegeben werden (§ 3 Abs. 2 Nr. 11 WO). Wenn mehrere Wahllokale vorgesehen sind, müssen die Wahlberechtigten den jeweiligen Lokalen zugeordnet werden. Diese Zuordnung muss im Wahlausschreiben oder einem Anhang dazu enthalten sein. Auch für räumlich entfernte Betriebsteile oder Kleinstbetriebe, in denen Briefwahl beschlossen wurde (§§ 24 Abs. 3, 53 WO), müssen klare Angaben erfolgen.

164. Was muss der Wahlvorstand am Wahltag beachten?

Der Wahlvorstand trägt die Verantwortung dafür, dass die Wahl ordnungsgemäß und im Einklang mit den gesetzlichen Vorgaben durchgeführt wird

(§ 12 Abs. 1 WO). Während der gesamten Wahlzeit muss sichergestellt sein, dass mindestens zwei stimmberechtigte Mitglieder des Wahlvorstands oder alternativ ein Mitglied des Wahlvorstands gemeinsam mit einer Wahlhelferin oder einem Wahlhelfer im Wahlraum anwesend sind. Darüber hinaus obliegt dem Wahlvorstand das Hausrecht im Wahlraum, und er ist befugt, bei Bedarf Wahlhelfer:innen hinzuzuziehen, um den reibungslosen Ablauf der Wahl zu gewährleisten.

165. Wie läuft die Stimmabgabe ab?

Die Wählerinnen und Wähler nennen ihren Namen gegenüber den anwesenden Mitgliedern des Wahlvorstands und erhalten danach den Stimmzettel. Nach dem Ausfüllen des Stimmzettels in der Wahlkabine wird dieser gefaltet und in die Wahlurne geworfen. Das korrekte Falten ist wichtig, da dadurch das Wahlgeheimnis gesichert wird, denn neuerdings (seit der Reform des Betriebsverfassungsgesetzes und damit des Wahlrechts 2021) entfällt der Wahlumschlag. Der Wahlvorstand vermerkt die Stimmabgabe in der Wählerliste (§ 12 Abs. 3 WO).

Hinweis:
Falls sich eine Wählerin oder ein Wähler verschreibt, kann er oder sie den Stimmzettel dem Wahlvorstand zurückgeben. Dieser vernichtet ihn und gibt einen neuen Stimmzettel aus.

Während der Wahl dürfen die Urnen nicht geöffnet werden. Bei mehrtägigen Wahlen sind die Urnen nach jedem Wahltag zu versiegeln und sicher aufzubewahren.

166. Ist Hilfe oder Unterstützung bei der Stimmabgabe zulässig?

Grundsätzlich müssen Wählerinnen und Wähler ihre Stimme eigenständig abgeben. Eine Stellvertretung ist nicht erlaubt. Wählende Personen mit körperlichen Beeinträchtigungen können eine Vertrauensperson hinzuziehen (§ 12 Abs. 4 WO). Diese darf jedoch nicht Teil des Wahlvorstands,

Wahlhelfer oder selbst Wahlbewerber sein und muss sich streng an die Vorgaben der Wählerin oder des Wählers halten. Die Vertrauensperson ist zur Geheimhaltung verpflichtet. Personen, die nicht lesen können, dürfen ebenfalls eine Vertrauensperson hinzuziehen.
Ausländische Wählerinnen und Wähler dürfen bei Sprachproblemen nicht durch Kollegen unterstützt werden. Der Wahlvorstand sorgt für Verständlichkeit, z. B. durch übersetzte Musterstimmzettel.

167. Wie reagiert der Wahlvorstand bei nicht ordnungsgemäß gefalteten Stimmzetteln?

Stimmzettel, bei denen das Stimmverhalten von außen erkennbar ist, dürfen nicht akzeptiert werden. Der Wahlvorstand weist die Wählerin oder den Wähler darauf hin und gibt die Möglichkeit, einen neuen Stimmzettel zu nutzen. Der alte Stimmzettel wird vernichtet. Lehnt die Wählerin oder der Wähler dies ab, wird der Stimmzettel als ungültig gewertet und der Vorfall im Wahlprotokoll dokumentiert.

168. Was passiert mit den Briefwahlstimmen?

Die Öffnung der Briefwahlstimmen muss direkt nach Abschluss der Stimmabgabe und noch **vor** der Stimmauszählung in öffentlicher Sitzung erfolgen. Denn die Stimmzettel der Briefwähler:innen sollten in dieselbe Urne wie diejenigen der Präsenzwähler:innen gelegt werden. Das Übertragen der Briefwahl-Stimmzettel in die Wahlurne sollte in einem einzigen Raum stattfinden. Sind mehrere Wahlräume eingerichtet., müssen alle Wahlurnen vorher in einen vorher bezeichneten Raum verbracht werden.
Der Wahlvorstand öffnet die bis zum Ende der Stimmabgabe eingegangenen Freiumschläge der Briefwähler:innen. Aus diesen entnimmt er die Wahlumschläge und die ausgefüllten Erklärungen. Sind alle Unterlagen korrekt (§ 25), wird die Stimmabgabe der Briefwähler:innen in der Wählerliste vermerkt. Danach öffnet der Wahlvorstand die Wahlumschläge und legt die Stimmzettel in die Wahlurne mit den übrigen Stimmzetteln. Es ist unschädlich, wenn der Wahlumschlag selbst nicht verschlossen ist.

169. Was passiert mit verspäteten Briefwahlsendungen?

Wahlbriefe, die nicht vor Ablauf der in § 3 Abs. 2 Nr. 11 WO festgelegten Frist zur Stimmabgabe beim Wahlvorstand eingehen, gelten als verspätet. Das Risiko für eine rechtzeitige Übermittlung liegt grundsätzlich bei der Wählerin oder dem Wähler. So ist der Wahlvorstand beispielsweise verpflichtet, einen Freiumschlag als verspätet einzugehen zu werten, wenn dieser zwar fristgerecht von der wählenden Person bei der Post aufgegeben wurde, aber aus postalischen Gründen erst nach Beendigung der Stimmabgabe den Wahlvorstand erreicht. Eine Verzögerung dieser Art und die daraus resultierende Nichtberücksichtigung der Stimmen begründen keinen Anfechtungsgrund.

> **Hinweis:**
> Allerdings muss sichergestellt sein, dass der Wahlvorstand die Unterlagen dem Wahlberechtigten so zugeleitet hat, dass dieser Gelegenheit hatte, sie auf postalischem oder anderem Wege rechtzeitig (vor Abschluss der Stimmabgabe) wieder zurückzusenden. Die Wahlunterlagen sollten also spätestens im Laufe des Tages der Bekanntgabe der Vorschlagslisten (§ 10 Abs. 2 WO) übersandt werden. Bei verspäteter Aussendung könnte ein Anfechtungsgrund gegeben sein.

170. Darf die Stimmauszählung per EDV erfolgen?

Die Stimmenauszählung bei der Betriebsratswahl darf mithilfe einer EDV-Anlage erfolgen. Dabei bleibt jedoch die Verantwortung des Wahlvorstands für den Auszählungsprozess unberührt. Dies umfasst insbesondere die Prüfung der Gültigkeit einzelner Stimmzettel und die Sicherstellung der öffentlichen Zugänglichkeit während der Auszählung. Der Wahlvorstand verstößt gegen seine Verantwortung beim Auszählungsprozess, wenn während der Datenerfassung im Rechenzentrum niemand vom Wahlvorstand durchgehend anwesend ist, um den Verbleib der Stimmzettel zu überwachen. Ein Verstoß dagegen könnte zur Anfechtung berechtigen.

171. Was ist bei der Wahlurne zu beachten?

Damit die Stimmabgabe ordnungsgemäß erfolgen kann, müssen für den Wahlraum bestimmte Wahlurnen bereitgestellt werden. Diese sollten aus stabilem Material bestehen und so konstruiert sein, dass Stimmzettel nachträglich nicht unbemerkt entnommen werden können, ohne die Urne zu öffnen. Vor Beginn der Stimmabgabe muss der Wahlvorstand sicherstellen, dass die Wahlurnen leer und in einwandfreiem Zustand sind. Während des gesamten Wahlgangs dürfen sie weder unbeaufsichtigt bleiben noch vorzeitig geöffnet werden, um mit der Auszählung zu beginnen.
Vor Beginn der Stimmabgabe ist die Wahlurne sicher zu verschließen. Dies kann durch Siegellack, eine Plombe, ein markiertes Klebeband oder ein Schloss erfolgen. Während der Wahl darf die Urne nicht geöffnet oder unbeaufsichtigt gelassen werden. Findet die Wahl an mehreren Tagen statt, muss die Urne zwischen den Wahlgängen versiegelt werden. Vor jeder neuen Abstimmungsrunde überprüft der Wahlvorstand, ob die Siegel unversehrt sind.
Während des Transports der Wahlurne muss eine sichere Versiegelung gewährleistet sein. Alternativ müssen mindestens zwei Mitglieder des Wahlvorstands die Urne während der gesamten Beförderung begleiten und beaufsichtigen.

172. In welchen Fällen ist ein Stimmzettel ungültig?

Ein Stimmzettel ist ungültig (§ 11 Abs. 4 WO), wenn:

- er besondere Merkmale (z. B. Smileys, Kommentare) enthält.
- nicht eindeutig ist, welche Liste gewählt wurde.
- mehr als eine Liste markiert wurde und nicht erkennbar ist, welche gemeint ist (Ausnahme allerdings: wenn bis auf eine Liste alle durchgestrichen sind).
- Zusätze oder Namen hinzugefügt wurden (§ 11 Abs. 4 WO).

Der Wahlvorstand entscheidet per Beschluss über die Gültigkeit und dokumentiert dies in der Wahlniederschrift. Die ungültige Stimme darf nicht mitgezählt werden.

173. Wie führt der Wahlvorstand die Stimmauszählung durch?

Nach Abschluss der Wahl muss der Wahlvorstand unverzüglich die Auszählung der Stimmen vornehmen. Unverzüglich bedeutet in diesem Zusammenhang, dass die Auszählung der Stimmen spätestens an dem auf den letzten Wahltag folgenden Arbeitstag zu erfolgen hat. Die Stimmauszählung hat öffentlich zu erfolgen. Öffentlich bedeutet in diesem Zusammenhang nicht, dass es der Allgemeinheit möglich sein muss, an der Stimmauszählung teilzunehmen. Die Auszählung muss vielmehr betriebsöffentlich stattfinden. Zugang zur öffentlichen Stimmauszählung ist daher denjenigen zu gewähren, die ein berechtigtes Interesse am Ausgang der Wahl haben. Dazu zählen die Beschäftigten, der Arbeitgeber, aber auch die im Betrieb vertretenen Gewerkschaften. Presse, Rundfunk und Fernsehen muss keine Möglichkeit der Teilnahme eingeräumt werden.

Die Stimmauszählung beginnt mit dem Öffnen der Wahlurnen und der darauffolgenden Entnahme sowie Auswertung der Stimmzettel. Sobald das Übertragen der Briefwahl-Stimmzettel in die Wahlurne abgeschlossen ist, kann die Stimmauszählung beginnen. Der Wahlvorstand öffnet die Wahlurne und nimmt die Stimmzettel heraus. Die Öffnung der Wahlurne hat durch ein Mitglied des Wahlvorstands zu erfolgen, weil diesem die Prüfung obliegt, ob die Wahlurne ordnungsgemäß verschlossen/versiegelt war.

Auch die Entnahme der Stimmzettel aus der Wahlurne obliegt dem Wahlvorstand und kann nicht auf Wahlhelfer:innen delegiert werden. Dabei überprüft er, ob die Stimmzettel Fehler wie besondere Kennzeichnungen aufweisen (siehe Frage Nr. 172). Werden die Stimmzettel als gültig gewertet, kann der Wahlvorstand sie zählen. Bei der Listenwahl werden jeweils die auf die Vorschlagslisten entfallenden Stimmen gezählt (§ 14 WO), bei der Personenwahl die auf die einzelnen Kandidaten entfallenden Stimmen (§ 21 WO). Es können Strichlisten geführt werden.

Ungültige Stimmzettel werden sinnvollerweise mit einer fortlaufenden Nummer versehen und getrennt von den anderen Stimmzetteln zusammen mit den Wahlunterlagen aufbewahrt (siehe auch § 16 Abs. 1 Nr. 5 WO). Die Gründe für die Ungültigkeit jedes einzelnen Stimmzettels sind in der Wahlniederschrift unter Angabe der entsprechenden Nummer zu dokumentieren.

174. Wie werden nach der Stimmauszählung die einzelnen Betriebsratssitze bei der Verhältniswahl ermittelt?

Steht also nach der Stimmauszählung fest, welche Vorschlagsliste wie viele Stimmen erhalten hat, so muss gemäß § 15 WO ermittelt werden, wie viele Betriebsratssitze auf welche Liste entfallen. Diese Berechnung erfolgt nach dem sog d'Hondtschen Höchstzahlenverfahren. Im Anschluss daran ist zu ermitteln, welche Wahlbewerber:innen von den jeweiligen Listen gewählt wurden. Das wiederum bestimmt sich nach der Reihenfolge, in der die Wahlbewerber:innen auf einer Liste stehen.
Entfallen zum Beispiel auf eine Vorschlagsliste 3 Betriebsratssitze, sind grundsätzlich die ersten drei auf der Vorschlagsliste in den Betriebsrat gewählt. Nachdem ermittelt wurde, welche Liste wie viele Betriebsratssitze erhalten hat, erfolgt noch die Prüfung, ob auf das Geschlecht in der Minderheit bereits die ihm zustehenden Mindestsitze entfallen. Diese Verteilung der Betriebsratssitze bleibt aber nur bestehen, wenn das Minderheitsgeschlecht die ihm nach § 15 Abs. 2 BetrVG zustehenden Mindestsitze erhalten hat; andernfalls muss das Ergebnis entsprechend der Geschlechterquote korrigiert werden. Es sind dann die in § 15 Abs. 5 BetrVG vorgesehenen Grundsätze anzuwenden.

175. Wie wird sichergestellt, dass das Minderheitengeschlecht ausreichend repräsentiert wird?

Das Ergebnis der Betriebsratswahl soll die Belegschaft im Betrieb repräsentieren, daher muss nach § 15 Abs. 2 das Minderheitengeschlecht ausreichend berücksichtigt werden. Die Regelungen in § 15 Abs. 5 WO sorgen dafür, dass in einem Betriebsrat das Minderheitsgeschlecht, z. B. Frauen, mindestens so viele Sitze bekommt, wie im Gesetz (§ 15 Abs. 2 BetrVG) vorgeschrieben ist. Wenn das nach der normalen Sitzverteilung nicht funktioniert, werden besondere Regeln angewendet:

- Regel 1: Wenn das Minderheitsgeschlecht nicht genug Sitze bekommt, wird geschaut, welche Liste den letzten Sitz für das Mehrheitsgeschlecht, z. B. Männer, vergeben hat. Dieser Sitz muss dann an eine Person des

Minderheitsgeschlechts auf derselben Liste abgegeben werden, ohne dass die Liste einen Sitz verliert. So wird der Sitz innerhalb der Liste getauscht.

- Regel 2: Wenn eine Liste den Sitz nicht tauschen kann, weil sie keine Person des Minderheitsgeschlechts mehr hat, wird eine andere Liste gesucht. Diese Liste muss eine Person des Minderheitsgeschlechts erhalten, die bisher keinen Sitz bekommen hat. Falls mehrere Listen infrage kommen, entscheidet das Los.
- Regel 3: Das Verfahren wird so lange wiederholt, bis das Minderheitsgeschlecht die vorgeschriebene Anzahl von Sitzen hat. Falls keine Liste mehr eine Person des Minderheitsgeschlechts hat, wird die nächste Regel angewendet.
- Regel 4: Nur das Minderheitsgeschlecht wird berücksichtigt, und die Reihenfolge auf den Listen muss eingehalten werden. Personen des Mehrheitsgeschlechts werden übersprungen.
- Regel 5: Wenn keine Liste mehr jemanden vom Minderheitsgeschlecht hat, bleibt der Sitz bei der ursprünglichen Liste. Diese behält dann ihre Sitze, wie vom Wahlergebnis vorgesehen.

Zusammengefasst: Diese Regeln stellen sicher, dass das Minderheitsgeschlecht im Betriebsrat fair vertreten ist, auch wenn das Wahlergebnis das nicht automatisch hergibt.

176. Was passiert mit dem Geschlecht »divers«?

Da »divers« kein Geschlecht im Sinne des § 15 Abs. 2 BetrVG ist, bleibt es bei der Geschlechterparität insoweit unberücksichtigt, als ihm kein Sitz als Vertreter des Minderheitengeschlechts zugewiesen werden kann.

177. Wie erfolgt die Sitzverteilung bei der Personenwahl (Mehrheitswahl)?

Zunächst muss ermittelt werden, wie viele Sitze dem Minderheitengeschlecht zustehen (§ 15 Abs. 2 BetrVG). Dann werden die diesem Geschlecht zustehenden Mindestsitze mit Personen dieses Geschlechts in der Reihenfolge der jeweils auf sie entfallenden Stimmenzahlen besetzt. Mit dem zweiten Schritt werden die weiteren Sitze verteilt, wiederum unter Zugrundelegung der von den einzelnen Wahlbewerber:innen erreichten Stimmenzahlen, aber diesmal unabhängig von dem Geschlecht. Bei dem zweiten Schritt bleiben die Wahlbewerber:innen unberücksichtigt, die bereits bei dem ersten Schritt auf Grund ihrer Zugehörigkeit zum Minderheitsgeschlecht Sitze erhalten haben.

178. Wie informiert der Wahlvorstand die gewählten Kandidaten?

Die Gewählten werden schriftlich und unverzüglich benachrichtigt (§ 17 WO). Falls keine Ablehnung innerhalb von drei Werktagen erfolgt, gilt die Wahl als angenommen. Alternativ kann die Annahme mündlich während der Stimmauszählung erklärt und in der Wahlniederschrift festgehalten werden.

179. Wie wird das Wahlergebnis bekannt gemacht?

Sobald alle gewählten Bewerber:innen die Annahme ihres Mandats erklärt haben oder die Frist für die Annahme abgelaufen ist und die Annahme daher automatisch gilt (siehe Frage Nr. 178), ist das Wahlergebnis endgültig. Die Namen der endgültig gewählten Betriebsratsmitglieder werden durch einen zweiwöchigen Aushang bekannt gemacht. Dieser erfolgt an denselben Stellen wie das Wahlausschreiben und muss unverzüglich nach der Feststellung des endgültigen Ergebnisses erfolgen (§ 18 WO). Ein fehlender Aushang stellt jedoch keinen Grund für eine Anfechtung dar.

180. Was sind die Aufgaben des Wahlvorstands bei der konstituierenden Sitzung des Betriebsrats?

Der Wahlvorstand lädt die neuen Betriebsratsmitglieder innerhalb einer Woche zur konstituierenden Sitzung ein (§ 29 Abs. 1 BetrVG). Der Vorsitzende des Wahlvorstands leitet die Sitzung bis zur Wahl des Betriebsratsvorsitzenden und übergibt anschließend alle Wahlunterlagen. Danach endet die Aufgabe des Wahlvorstands (siehe Kapitel O. »Konstituierende Sitzung des Betriebsrats«).

181. Berechtigen Fehler am Wahltag und bei der Stimmauszählung zur Anfechtung der Wahl?

Fehler bei der Stimmabgabe und der Auszählung der Stimmen können eine Wahl unter bestimmten Umständen anfechtbar machen, sofern die Fehler sich auf das Wahlergebnis in irgendeiner Form auswirken. Dazu gehören unter anderem Verstöße gegen die vorgeschriebenen Form- und Inhaltsvorgaben der Stimmzettel gemäß § 11 Abs. 2 der Wahlordnung. Auch wenn Stimmzettel in unterschiedlicher Gestaltung verwendet werden, kann dies die Wahl beeinflussen und somit anfechtbar machen.
Zudem muss die Stimmauszählung in dem zuvor bekanntgegebenen Raum stattfinden. Erfolgt die Auszählung an einem anderen Ort, könnte dies Zweifel an der ordnungsgemäßen Durchführung der Wahl aufwerfen. Ebenso problematisch ist es, wenn Ort und Zeit der Stimmauszählung nicht ordnungsgemäß bekannt gemacht wurden. In solchen Fällen könnte die Wahl aufgrund von Verfahrensmängeln infrage gestellt werden.

O. Konstituierende Sitzung des Betriebsrats

Die konstituierende Sitzung des Betriebsrats markiert den Startpunkt der Amtszeit des neu gewählten Betriebsrats. Die Sitzung dient der Wahl des Betriebsratsvorsitzenden und seines Stellvertreters gemäß § 29 Abs. 1 BetrVG. Die Sitzung wird vom Wahlvorstand einberufen und geleitet, bis der neue Betriebsrat eigenständig arbeitsfähig ist.

182. Was ist die konstituierende Sitzung des Betriebsrats?

Die erste (=konstituierende) Sitzung des neuen Betriebsrats dient vor allem der Wahl des Vorsitzenden und des stellvertretenden Vorsitzenden (§ 29 Abs. 1 BetrVG). In Betrieben mit mehr als neun Mitgliedern wird außerdem der Betriebsausschuss gewählt, damit das für die laufenden Geschäfte zuständige Gremium schnell seine Arbeit aufnehmen kann. Darüber hinaus ist es sinnvoll, in dieser Sitzung weitere Wahlen durchzuführen, wie beispielsweise die Wahl einer Schriftführerin oder eines Schriftführers, von Vertretern für den Gesamt- oder Konzernbetriebsrat.

183. Wer organisiert die konstituierende Sitzung?

Das ist noch Aufgabe des Wahlvorstands. Innerhalb einer Woche nach dem Wahltag – oder, falls die Wahl über mehrere Tage stattfindet, nach dem letzten Wahltag – muss der Wahlvorstand alle Mitglieder des neu gewählten Betriebsrats zur konstituierenden Sitzung einladen. Dabei sind Zeit, Ort und die Tagesordnung anzugeben. Dies gilt unabhängig davon, ob die Amtszeit des neu gewählten Betriebsrats gemäß § 21 BetrVG bereits begonnen hat.

184. Kann die konstituierende Sitzung als Online-Sitzung stattfinden?

Nein. Die konstituierende Sitzung muss unbedingt als Präsenzveranstaltung stattfinden, da eine Teilnahme per Video- oder Telefonkonferenz zu diesem Zeitpunkt nicht zulässig ist. Grund dafür ist, dass für die Online-Sitzung zwingend eine Geschäftsordnung gemäß § 30 Abs. 2 Nr. 1 BetrVG notwendig ist, die sich der neue Betriebsrat erst geben muss. Dies ist selbst dann nicht möglich, wenn die Geschäftsordnung des vorherigen Gremiums unverändert übernommen wird. Zudem können eventuell nötige geheime Wahlen online derzeit nicht durchgeführt werden.

185. Muss die Sitzung zwingend innerhalb einer Woche nach der Betriebsratswahl stattfinden?

Der Wahlvorstand muss die konstituierende Sitzung des Betriebsrats innerhalb einer Woche nach dem Wahltag oder dem letzten Tag der Stimmabgabe einberufen – also dazu einladen. Dabei zählt der Wahltag selbst nicht zur Frist (§ 187 Abs. 1 BGB). Fällt der letzte Tag der Frist auf einen Sonntag, Feiertag oder Samstag, verlängert sich die Frist bis zum nächsten Werktag (§ 193 BGB). Die Sitzung muss nicht zwingend innerhalb dieser Frist stattfinden. Sie kann verschoben und neu einberufen werden, beispielsweise wenn nicht mindestens die Hälfte der neu gewählten Betriebsratsmitglieder anwesend ist und daher die Beschlussfähigkeit nach § 33 Abs. 2 nicht gegeben ist.

186. Muss der Arbeitgeber vor der Konstituierung mit dem Betriebsrat verhandeln?

Nein. Daher ist es wichtig darauf zu achten, dass der neue Betriebsrat möglichst spätestens bis zum Ende der Amtszeit des bisherigen Betriebsrats seine konstituierende Sitzung abhält. Nach Ansicht des BAG ist der Arbeitgeber vor der Konstituierung des Betriebsrats nicht verpflichtet, mit diesem Verhandlungen zu führen. Der Arbeitgeber muss auch keine beteiligungspflichtigen Maßnahmen, wie z. B. Kündigungen, aufschieben, bis der BR sich konstituiert hat. Daher sollte der Wahlvorstand bei der Bekanntgabe des Wahlergebnisses und der Planung der konstituierenden Sitzung darauf achten, betriebsratslose Zeiten zu vermeiden

187. Was passiert, wenn der Wahlvorstand keine konstituierende Sitzung einberuft?

Versäumt der Wahlvorstand, die konstituierende Sitzung des Betriebsrats rechtzeitig einzuberufen, können die Mitglieder des Betriebsrats selbst die Initiative ergreifen und die erste Sitzung eigenständig abhalten (Selbstzusammentrittsrecht). Jedes Betriebsratsmitglied ist berechtigt, diesen Schritt zu initiieren – es gibt keinen Vorrang für das älteste Mitglied nach Lebensalter. Damit eine eigenständige Einberufung der konstituierenden Sitzung gültig ist, müssen alle Betriebsratsmitglieder, einschließlich eventuell nachrückende Ersatzmitglieder, rechtzeitig über Zeitpunkt, Ort und die zu behandelnden Themen informiert werden.

188. Wer vom Wahlvorstand nimmt an der konstituierenden Sitzung teil?

An der konstituierenden Betriebsratssitzung darf nur der Vorsitzende des Wahlvorstands teilnehmen, nicht jedoch die übrigen Mitglieder. Dieses Recht entfällt, sobald der Betriebsrat eine Wahlleiterin oder einen Wahlleiter bestimmt hat – es sei denn, der Vorsitzende des Wahlvorstands ist selbst Mitglied des Betriebsrats. Ein Vertreter der im Betriebsrat vertretenen Gewerkschaft darf teilnehmen, wenn mindestens ein Viertel der Betriebsratsmitglieder dies gemäß § 31 BetrVG beantragt. Die Einbindung eines Gewerkschaftsvertreters ist angesichts der komplexen Regelungen zur Konstituierung des Betriebsrats oft sinnvoll.

189. Wer leitet die Sitzung?

Die konstituierende Sitzung des Betriebsrats wird vom Vorsitzenden des Wahlvorstands geleitet. Ist dieser verhindert, übernimmt sein Stellvertreter oder ein anderes Mitglied des Wahlvorstands. Diese Leitung besteht, bis der Betriebsrat aus seiner Mitte eine Wahlleiterin oder einen Wahlleiter gewählt hat. Der Vorsitzende des Wahlvorstands kann nur dann Wahlleiter werden, wenn er selbst Mitglied des Betriebsrats ist.
Der Betriebsrat wählt die Wahlleiterin oder den Wahlleiter mit einfacher Mehrheit. Gewählt ist der Kandidat mit den meisten Stimmen. Nach seiner Wahl übernimmt der Wahlleitung die Leitung der Sitzung und führt die Wahl des Betriebsratsvorsitzenden und seines Stellvertreters durch. Sobald beide ihre Wahl annehmen, ist der Betriebsrat offiziell konstituiert. Die Leitung der Sitzung geht dann an den neuen Vorsitzenden des Betriebsrats über. Der Wahlvorstand muss, sofern er nicht zum neu gewählten Betriebsrat gehört, muss die konstituierende Sitzung umgehend verlassen. An den weiteren Tagesordnungspunkten darf er nicht mehr teilnehmen.

190. Wie lange sind die Wahlakten aufzubewahren?

Der Betriebsrat muss die Wahlakten mindestens bis zum Ende seiner Amtszeit sorgfältig aufbewahren (§ 19 WO). Wahlakten umfassen sämtliche Wahlunterlagen, darunter Stimmzettel, Wahlausschreiben, Vorschlagslisten, Protokolle und jegliche Korrespondenz des Wahlvorstands, einschließlich E-Mails. Verspätet eingegangene Briefwahlumschläge können vier Wochen nach Bekanntgabe des Wahlergebnisses ungeöffnet vernichtet werden, es sei denn, die Wahl wurde angefochten. In diesem Fall darf die Vernichtung erst nach dem rechtskräftigen Abschluss des Verfahrens erfolgen.
Nach der konstituierenden Sitzung des Betriebsrats übergibt der Wahlvorstand die Wahlakten an den Betriebsrat, wobei diese Übergabe in der Sitzungsniederschrift festgehalten wird. Während der Aufbewahrungsfrist muss der Betriebsrat berechtigten Personen Einsicht gewähren, sofern dies für ein Wahlanfechtungsverfahren erforderlich ist. Allerdings ist eine Einsichtnahme in Unterlagen, die Rückschlüsse auf das Wahlverhalten einzelner Wähler:innen zulassen, grundsätzlich nicht gestattet. Eine Aus-

nahme besteht nur dann, wenn die Überprüfung der Ordnungsmäßigkeit der Wahl dies zwingend erfordert und dies zuvor gegenüber dem Wahlvorstand oder später dem Betriebsrat begründet wurde.

P. Anfechtung und Nichtigkeit – Verfahren vor Gericht

Da die Regelungen der Betriebsratswahl komplex sind, können viele Fehler passieren. Nicht alle Fehler berechtigen zur Anfechtung der Wahl vor Gericht. So müssen Fehler der Wählerliste im Einspruchsverfahren geklärt werden. Hat die Anfechtung vor Gericht Erfolg, so darf der Betriebsrat nicht weiter bestehen, seine bisherigen Handlungen bleiben allerdings wirksam. In extremen Ausnahmefällen kann eine Betriebsratswahl nichtig sein mit der Folge, dass alle Handlungen des Betriebsrats von Anfang an unwirksam waren.

191. Wann kann die Wahl angefochten werden?

Die Betriebsratswahl kann beim Arbeitsgericht innerhalb einer Frist von zwei Wochen nach Bekanntgabe des Wahlergebnisses angefochten werden, wenn gegen wesentliche Vorschriften über das Wahlrecht, die Wählbarkeit oder das Wahlverfahren verstoßen worden ist und eine Berichtigung nicht erfolgt ist (§ 19 Abs. 1 BetrVG). Weitere Voraussetzung ist, dass dieser Verstoß das Wahlergebnis beeinflusst haben muss, d. h. es wäre ansonsten ein anderes Wahlergebnis herausgekommen. Ist dies nicht der Fall, kann die Wahl nicht angefochten werden.

192. Was sind die Anfechtungsgründe?

Eine Wahl kann nur dann angefochten werden, wenn gegen »wesentliche Wahlvorschriften« verstoßen wurde. Obwohl weder das Gesetz noch die Wahlordnung ausdrücklich zwischen wesentlichen und anderen Vor-

schriften unterscheiden, wird in der Praxis zwischen zwingenden (Muss-) Vorschriften und bloßen Soll- oder Ordnungsvorschriften differenziert. Ein Verstoß gegen eine Ordnungsvorschrift oder eine Sollvorschrift reicht für eine Anfechtung in der Regel nicht aus, es sei denn, die betreffende Vorschrift ist für das Wahlverfahren von grundlegender Bedeutung und sichert wesentliche Wahlprinzipien.
Entscheidend für die Bewertung ist, ob eine verletzte Vorschrift tragende Grundsätze des Betriebsverfassungsrechts betrifft. Beispiele für nicht wesentliche Vorschriften sind etwa die fehlende Angabe von Geburtsdaten in der Wählerliste oder die Abkürzung von Kennwörtern in den Stimmzetteln, sofern dadurch keine Verwechslungsgefahr entsteht. Diese Fehler berechtigen eben nicht zur Anfechtung.

193. Welches sind die häufigsten Rechtsverstöße, die zur Anfechtung führen können?

Die Gerichte haben in vielen Urteilen entschieden, welche Fehler eine Anfechtung rechtfertigen und welche nicht. Entscheidend ist, ob grundlegende Prinzipien der Wahl verletzt wurden und ob diese Rechtsverletzung geeignet war, das Wahlergebnis zu beeinflussen. Nur dann kann eine Anfechtung erfolgreich sein.
Hier einige Beispiele für Fehler, bei denen die Anfechtung von den Gerichten anerkannt wurde:

- Fehler bei der Wählerliste
  - Zulassung von Nichtwahlberechtigten zur Wahl (z. B: Jugendliche, Leitende Angestellte)
  - Nichtzulassung wahlberechtigter Arbeitnehmer:innen
  - Nicht-Berücksichtigung von Leiharbeitnehmer:innen mit geplanter Einsatzdauer über drei Monate
- Fehler bei Wahlbewerber:innen und Vorschlagslisten
  - Zulassung nicht wählbarer Arbeitnehmer:innen (z. B. unter 18 Jahren).
  - Ausschluss wählbarer Arbeitnehmer:innen (z. B. unberechtigte Streichung von der Vorschlagsliste)
  - Nichtzulassung einer Liste mit Bewerber:innen nur eines Geschlechts, obwohl beide Geschlechter im Betrieb vertreten sind

- Zulassung einer gewerkschaftlichen Liste ohne erforderliche Unterschriften
- Streichung von Kandidaten ohne Zustimmung der Unterzeichner.
- Unterlassen der Aufforderung an doppelt kandidierende Bewerber:innen zur Klärung ihrer Liste (§ 7 WO)
- Ausschluss einer Liste aufgrund falscher Annahmen über die Wählbarkeit eines gekündigten Beschäftigten
- Willkürlicher Ausschluss ganzer Listen zugunsten anderer Listen.
- Fehlerhafte Vorschlagsliste (z. B. durch ausgeschiedene Bewerber:innen)

• Fehler im Wahlverfahren
  - Bestellung des Wahlvorstands durch einen abgelaufenen Betriebsrat
  - Nutzung des falschen Wahlverfahrens (z. B. vereinfachtes Verfahren ohne wirksame Vereinbarung nach § 14a Abs. 5 BetrVG)
  - Nichtgewährung ausreichender Einsichtnahme in die Wählerliste
  - Verstoß gegen Fristen der WO (z. B. Einreichung von Wahlvorschlägen, Bekanntgabe des Wahlausschreibens)
  - Fehlerhafte oder fehlende Bekanntgabe des Wahlausschreibens (z. B. nicht in allen Betriebsstätten ausgehängt)
  - Durchführung der Wahl als Online-Wahl ohne Grundlage in der WO
• Fehler bei der Stimmabgabe und -auszählung
  - Verstöße gegen Form und Inhalt der Stimmzettel (§ 11 Abs. 2 WO)
  - Unterschiedliche Gestaltung der Stimmzettel
  - Keine Verwendung von Wahlumschlägen bei der Briefwahl (sonst sind sie nicht mehr nötig)
  - Stimmauszählung außerhalb des bekanntgegebenen Raums
  - Unterlassen der Bekanntmachung von Ort und Zeit der Stimmauszählung
• Verstöße gegen den Grundsatz der geheimen Wahl
• Fehler bei der Briefwahl
  - Nichtübersendung der Briefwahlunterlagen an berechtigte Arbeitnehmer:innen
  - Generelle Zulassung der Briefwahl ohne Voraussetzungen der WO (§ 24)
  - Versand von Wahlwerbung zusammen mit Briefwahlunterlagen.
  - Briefwahl ohne entsprechenden Beschluss des Wahlvorstands.

- Verstöße gegen Minderheitenschutz und Geschlechterquote
  - Nichtberücksichtigung der Mindestanzahl von Betriebsrats-Mandaten für das Minderheitengeschlecht (§ 15 Abs. 2 BetrVG)
  - Falsche oder unvollständige Hinweise zur Geschlechterquote im Wahlausschreiben

Dies sind nur einige Beispiele. Wer weitere Beispielsfälle nachlesen möchte, sei auf die einschlägigen Kommentare und die entsprechenden Gerichtsurteile verwiesen (z. B. Däubler/Klebe/Wedde-Homburg, BetrVG, Kommentar für die Praxis, § 19).

194. Was ist, wenn durch den Fehler das Wahlergebnis nicht beeinflusst wurde?

Dann besteht kein Grund zur Anfechtung nach § 19 BetrVG: Denn ein Verstoß gegen wichtige Regeln bei einer Wahl reicht nicht aus, um die Wahl anzufechten, wenn der Fehler das Wahlergebnis nicht verändert oder beeinflusst hat. Eine Anfechtung ist zum Beispiel nicht berechtigt, wenn Personen, die nicht wahlberechtigt sind, mitgewählt haben, aber nur so wenige, dass dies das Wahlergebnis nicht verändert. Auch wenn der Wahlraum früher geschlossen wurde, ist eine Anfechtung nicht möglich, solange sicher ist, dass dadurch niemand daran gehindert wurde, seine Stimme abzugeben.

Wenn während der Wahl ein Fehler passiert, sollte der Wahlvorstand den Fehler korrigieren. Zum Beispiel kann der Wahlvorstand falsche Angaben im Wahlausschreiben berichtigen, wenn es sich um einen offensichtlichen Fehler handelt, wie Tipp- oder Rechenfehler.

195. Wer ist zur Anfechtung berechtigt?

Zur Anfechtung einer Betriebsratswahl sind drei oder mehr wahlberechtigte Arbeitnehmer:innen des Betriebs, jede im Betrieb vertretene Gewerkschaft sowie der Arbeitgeber berechtigt (§ 19 Abs. 2 BetrVG). Allerdings führt die Anfechtungsberechtigung nicht automatisch dazu, dass in jedem Fall das notwendige Rechtsschutzbedürfnis besteht, um ein Anfechtungsverfahren einleiten zu können.

196. Was passiert mit Fehlern in der Wählerliste?

Für diese Art Fehler gelten seit der letzten Betriebsratswahl Sonderregeln (§ 19 Abs. 3 BetrVG). Diese besagen: Wenn Fehler in der Wählerliste nicht in dem dafür vorgesehenen Einspruchsverfahren in der vorgesehenen Frist (beim vereinfachten Verfahren: drei Tage und im normalen Wahlverfahren: zwei Wochen nach Erlass des Wahlausschreibens) gerügt wurden, kann dies später nicht mehr als Grund für eine Wahlanfechtung gelten. Beschäftigte sollten die Wählerliste daher früh (also direkt nach Bekanntmachung) prüfen und Korrekturen veranlassen, um Streitigkeiten während und nach der Wahl zu vermeiden. Ziel ist es, Wahlanfechtungen zu reduzieren und die Wahlen rechtssicherer zu machen. Eine Anfechtung ist allerdings dann nicht ausgeschlossen, wenn die Beschäftigten aus irgendeinem Grund daran gehindert wurden, Einspruch zu erheben. Hilft der Wahlvorstand dem Einspruch nicht ab, so ist selbstverständlich die Anfechtung vor Gericht möglich.

197. Kann der Arbeitgeber wegen falscher Wählerliste die Wahl anfechten?

Ein Arbeitgeber, der falsche oder keine Informationen an den Wahlvorstand weitergibt, kann später nicht behaupten, dass die Wählerliste falsch ist. Wenn ein Arbeitgeber keine Daten liefert, wird er nicht besser behandelt als ein Arbeitgeber, der falsche Daten liefert. In beiden Fällen ist der Arbeitgeber schuld daran, dass die Wählerliste fehlerhaft ist, und er kann sich später nicht darauf berufen.

198. Kann die Verkennung des Betriebsbegriffs zur Anfechtung der Wahl führen?

Die Verkennung des Betriebsbegriffs kann die Anfechtung einer Betriebsratswahl rechtfertigen, führt jedoch nicht automatisch zur Nichtigkeit der Wahl – so das BAG. Während der Amtszeit eines einheitlichen Betriebsrats für mehrere Betriebsteile ist die Wahl eines eigenen Betriebsrats für einen Betriebsteil unzulässig, sofern die ursprüngliche Wahl nicht angefochten

wurde. Für künftige Amtszeiten können selbstständige Betriebsteile jedoch eigene Betriebsräte wählen.
Wird in einem einheitlichen Betrieb irrtümlich mehrere Betriebsräte für Betriebsteile gewählt, muss die Anfechtung alle Wahlen umfassen. Ein gewählter Betriebsrat behält seine Rechte auch dann, wenn er nicht für eine betriebsfähige Einheit zuständig ist. Diese Grundsätze gelten auch für Wahlen in gemeinsamen Betrieben oder Organisationseinheiten, die durch Tarifvertrag gebildet wurden. Bei Unklarheiten empfiehlt sich ein gerichtliches Verfahren nach § 18 Abs. 2 BetrVG.

199. Was ist die Folge einer erfolgreichen Anfechtung vor Gericht?

Hat die Anfechtungsklage vor Gericht Erfolg, so verliert der Betriebsrat seine Grundlage, weiter zu bestehen. Er darf auch nicht mehr bis zur Neuwahl weiterarbeiten, weil § 22 BetrVG für diesen Fall nicht gilt. Die Anfechtung wirkt aber nur für die Zukunft. Das heißt, alle bisherigen Handlungen des Betriebsrats, wie z. B. abgeschlossene Betriebsvereinbarungen, bleiben gültig, damit es keine rechtlichen Unsicherheiten gibt. Der Betriebsrat, dessen Wahl angefochten wurde, darf auch keinen Wahlvorstand mehr bestellen.

200. In welchen Fällen kann eine Betriebsratswahl nichtig sein?

Die Nichtigkeit einer Betriebsratswahl tritt nur in extremen Ausnahmefällen auf, wenn grundlegende Wahlregeln so stark verletzt wurden, dass keine gesetzeskonforme Wahl erkennbar ist. Das BAG hat ausdrücklich seine bisherige Rechtsprechung aufgegeben, nach der auch eine Häufung von Mängeln, die für sich genommen nur Anfechtungsgründe wären, zur Nichtigkeit der Betriebsratswahl führen kann. Eine Häufung von Fehlern führt nach der neueren Rechtsprechung des BAG nur noch zur Anfechtbarkeit. Die Nichtigkeit ist beispielsweise gegeben, wenn die Betriebsratswahl ganz ohne Wahlvorstand durchgeführt wird oder eine völlig falsche Wählerliste verwendet wird. Die Feststellung der Nichtigkeit hat rückwirkende Kraft. Ein Betriebsrat, dessen Wahl gerichtlich für nichtig erklärt wurde, hat von Anfang an nicht bestanden. Damit sind z. B. alle Betriebsvereinbarungen unwirksam.

Q. Übersichten über Fristen – Regelungen und Besonderheiten

Bei der Betriebsratswahl gelten verschiedene Fristen, die je nach Wahlverfahren unterschiedlich sind. Diese betreffen unter anderem die Bestellung des Wahlvorstands, die Einreichung von Wahlvorschlägen und die Anfechtung der Wahl.

201. Welche Fristen gelten für das normale Wahlverfahren?

In normalen Wahlverfahren gelten relativ lange Fristen. Die Bestellung des Wahlvorstands muss spätestens 10 Wochen vor Ablauf der Amtszeit des noch amtierenden Betriebsrats erfolgen. 6 Wochen vor der Wahl ist das Wahlausschreiben zu erlassen. Im Detail gelten folgende Fristen:

- Bestellung des Wahlvorstands durch Betriebsrat: 10 Wochen vor Ablauf seiner Amtszeit (§ 16 Abs. 1 BetrVG).
- Erlass des Wahlausschreibens durch Wahlvorstand: 6 Wochen vor dem 1. Tag der Stimmabgabe (§ 3 Abs. 1 Satz 1 WO).
- Einreichen der Vorschlagslisten durch Arbeitnehmer:innen oder Gewerkschaften: 2 Wochen nach Erlass des Wahlausschreibens (§§ 3 Abs. 2 Nr. 8 WO; 6 Abs. 1 WO).
- Einspruch gegen Wählerliste durch Arbeitnehmer:innen: 2 Wochen nach Erlass des Wahlausschreibens (§ 4 Abs. 1 WO).
- Prüfung der Vorschlagslisten durch Wahlvorstand auf Gültigkeit und bei Ungültigkeit Unterrichtung: 2 Tage nach Eingang der Liste (§ 7 Abs. 2 Satz 2 WO).

- Nachfrist für Einreichen von Vorschlagslisten durch Arbeitnehmer:innen oder Gewerkschaften: 1 Woche nach Bekanntmachung für Wahlvorstand (§ 9 Abs. 1 WO).
- Bekanntmachung der als gültig anerkannten Vorschlagslisten durch Wahlvorstand: 1 Woche vor Beginn der Stimmabgabe (§ 10 Abs. 2 WO).
- Bekanntmachen der Gewählten durch Wahlvorstand: zweiwöchiger Aushang nach Feststehen der Gewählten (§ 18 WO).
- Anfechtung der Betriebsratswahl: 2 Wochen nach Bekanntgabe des Wahlergebnisses (§ 19 Abs. 2 BetrVG).

202. Welche Fristen gelten im vereinfachten einstufigen Wahlverfahren?

Das vereinfachte Wahlverfahren ist dadurch gekennzeichnet, dass deutlich kürzere Fristen als im normalen Wahlverfahren gelten. Das Einreichen der Wahlvorschläge ist sogar bis eine Woche vor dem Wahltag zulässig.

- Bestellung des Wahlvorstands durch den bisherigen Betriebsrat: 4 Wochen vor Ablauf der Amtszeit des bisherigen Betriebsrats (§§ 17a Nr. 1 i. V. m. 16 Abs. 1 BetrVG).
- Einsprüche gegen Wählerliste: 3 Tage nach Erlass des Wahlausschreibens (§§ 36 Abs. 1; 30 Abs. 2 WO).
- Einreichung von Wahlvorschlägen: bis 1 Woche vor Wahltag (§ 36 Abs. 5 Satz 1 WO i. V. m. § 14a Abs. 3 Satz 2 BetrVG).
- Prüfung der Wahlvorschläge durch den Wahlvorstand: vor Ablauf der Wochenfrist zur Einreichung der Wahlvorschläge (§§ 36 Abs. 5 Satz 2; 7 Abs. 2 Satz 2 WO).
- Bekanntmachung der Wahlvorschläge: 1 Woche vor Wahltag (§ 36 Abs. 5 Satz 3 WO).
- Bekanntmachen der Gewählten durch Wahlvorstand: zweiwöchiger Aushang nach Feststehen der Gewählten (§ 18 WO).
- Anfechtung der Betriebsratswahl: 2 Wochen nach Bekanntgabe des Wahlergebnisses (§ 19 Abs. 2 BetrVG).

203. Welche Fristen gelten im vereinfachten zweistufigen Wahlverfahren?

- Einladung zur Wahlversammlung durch den Wahlvorstand: spätestens 7 Tage vor der Wahlversammlung (§ 28 Abs. 1WO).
- Aushang des Wahlausschreibens spätestens 7 Tage vor der Wahlversammlung (§ 31 WO).
- Einreichen der Wahlvorschläge: spätestens bis zum Ende der Wahlversammlung (§ 36 Abs. 1 WO).
- Bekanntmachen der Gewählten durch Wahlvorstand: zweiwöchiger Aushang nach Feststehen der Gewählten (§ 18 WO).
- Anfechtung der Betriebsratswahl: 2 Wochen nach Bekanntgabe des Wahlergebnisses (§ 19 Abs. 2 BetrVG).

204. Was ist, wenn das Fristende auf einen Sonntag oder Feiertag fällt?

Fällt der letzte Tag der Frist auf einen Sonnabend, Sonn- oder Feiertag (der Feiertag muss in dem Bundesland, in dem der Betrieb liegt, staatlich anerkannt sein), tritt an die Stelle dieses Tags immer der nächste Werktag (§ 193 BGB).

205. Was ist bei den Wochenfristen bzw. den Fristen in Arbeitstagen besonders wichtig?

Für Fristen, die in Wochen oder Arbeitstagen berechnet werden, gilt der wichtige § 187 Abs. 1 BGB. Das bedeutet: Wenn eine Frist mit einem bestimmten Ereignis beginnt, zählt der Tag des Ereignisses nicht mit. Eine Frist, die in Wochen berechnet wird, endet daher immer an dem Wochentag, an dem das Ereignis stattgefunden hat. Zum Beispiel: Wird ein Wahlausschreiben an einem Mittwoch ausgehängt, dann endet die zweiwöchige Frist für Einsprüche oder Wahlvorschläge genau zwei Wochen später, ebenfalls an einem Mittwoch.

206. Können die Fristen verkürzt werden?

Ja – durchaus. Der Wahlvorstand kann den Fristablauf am letzten Tag auf einen früheren Zeitpunkt als 24:00 Uhr festlegen – in der Regel auf das Ende der Arbeitszeit der Mehrheit der Beschäftigten. Die Möglichkeit der Uhrzeitsetzung für den Fristablauf gilt im Prinzip für fast alle relevanten Wahlhandlungen im normalen wie im vereinfachten Wahlverfahren:

- Einspruch gegen die Wählerliste.
- Einreichung von Wahlvorschlägen.
- Mängelbeseitigung für ungültige Vorschlagslisten.
- Nachfrist für Vorschlagslisten.
- Einspruchsfrist gegen die Wählerliste im zweistufigen vereinfachten Wahlverfahren nach § 30 Abs. 2 Satz 1 WO.
- Einspruchsfrist gegen die Wählerliste im einstufigen vereinfachten Wahlverfahren nach § 36 Abs. 5 Satz 1 und 2 WO.

In Betrieben mit Schichtarbeit oder vielen Standorten kann die Bestimmung des Fristendes schwierig sein. Ohne genaue Informationen bleibt 24:00 Uhr als Fristende bestehen. Der Wahlvorstand hat hierbei Ermessensspielraum: Er kann die Frist bis 24:00 Uhr offenhalten, auch wenn die Mehrheit bereits Feierabend hat, um die Akzeptanz zu erhöhen. Eine Anfechtung ist deshalb nicht möglich.

Anhang

Betriebsverfassungsgesetz

in der Fassung vom 25. September 2001, zuletzt geändert durch Gesetz vom 19. Juli 2024 (BGBl. I Nr. 248).

– Auszug –

Erster Teil
Allgemeine Vorschriften

§ 1 Errichtung von Betriebsräten

(1) In Betrieben mit in der Regel mindestens fünf ständigen wahlberechtigten Arbeitnehmern, von denen drei wählbar sind, werden Betriebsräte gewählt. Dies gilt auch für gemeinsame Betriebe mehrerer Unternehmen.
(2) Ein gemeinsamer Betrieb mehrerer Unternehmen wird vermutet, wenn

1. zur Verfolgung arbeitstechnischer Zwecke die Betriebsmittel sowie die Arbeitnehmer von den Unternehmen gemeinsam eingesetzt werden oder
2. die Spaltung eines Unternehmens zur Folge hat, dass von einem Betrieb ein oder mehrere Betriebsteile einem an der Spaltung beteiligten anderen Unternehmen zugeordnet werden, ohne dass sich dabei die Organisation des betroffenen Betriebs wesentlich ändert.

…

§ 3 Abweichende Regelungen

(1) Durch Tarifvertrag können bestimmt werden:

1. für Unternehmen mit mehreren Betrieben
   a) die Bildung eines unternehmenseinheitlichen Betriebsrats oder
   b) die Zusammenfassung von Betrieben,

   wenn dies die Bildung von Betriebsräten erleichtert oder einer sachgerechten Wahrnehmung der Interessen der Arbeitnehmer dient;
2. für Unternehmen und Konzerne, soweit sie nach produkt- oder projektbezogenen Geschäftsbereichen (Sparten) organisiert sind und die Leitung der Sparte auch Entscheidungen in beteiligungspflichtigen Angelegenheiten trifft, die Bildung von Betriebsräten in den Sparten (Spartenbetriebsräte), wenn dies der sachgerechten Wahrnehmung der Aufgaben des Betriebsrats dient;
3. andere Arbeitnehmervertretungsstrukturen, soweit dies insbesondere aufgrund der Betriebs-, Unternehmens- oder Konzernorganisation oder aufgrund anderer Formen der Zusammenarbeit von Unternehmen einer wirksamen und zweckmäßigen Interessenvertretung der Arbeitnehmer dient;
4. zusätzliche betriebsverfassungsrechtliche Gremien (Arbeitsgemeinschaften), die der unternehmensübergreifenden Zusammenarbeit von Arbeitnehmervertretungen dienen;
5. zusätzliche betriebsverfassungsrechtliche Vertretungen der Arbeitnehmer, die die Zusammenarbeit zwischen Betriebsrat und Arbeitnehmern erleichtern.

(2) Besteht in den Fällen des Absatzes 1 Nr. 1, 2, 4, oder 5 keine tarifliche Regelung und gilt auch kein anderer Tarifvertrag, kann die Regelung durch Betriebsvereinbarung getroffen werden.

(3) Besteht im Falle des Absatzes 1 Nr. 1 Buchstabe a) keine tarifliche Regelung und besteht in dem Unternehmen kein Betriebsrat, können die Arbeitnehmer mit Stimmenmehrheit die Wahl eines unternehmenseinheitlichen Betriebsrats beschließen. Die Abstimmung kann von mindestens drei wahlberechtigten Arbeitnehmern des Unternehmens oder einer im Unternehmen vertretenen Gewerkschaft veranlasst werden.

(4) Sofern der Tarifvertrag oder die Betriebsvereinbarung nichts anderes bestimmt, sind Regelungen nach Abs. 1 Nr. 1 bis 3 erstmals bei der nächsten regelmäßigen Betriebsratswahl anzuwenden, es sei denn, es be-

steht kein Betriebsrat oder es ist aus anderen Gründen eine Neuwahl des Betriebsrats erforderlich. Sieht der Tarifvertrag oder die Betriebsvereinbarung einen anderen Wahlzeitpunkt vor, endet die Amtszeit bestehender Betriebsräte, die durch die Regelungen nach Abs. 1 Nr. 1 bis 3 entfallen, mit Bekanntgabe des Wahlergebnisses.
(5) Die aufgrund eines Tarifvertrages oder einer Betriebsvereinbarung nach Abs. 1 Nr. 1 bis 3 gebildeten betriebsverfassungsrechtlichen Organisationseinheiten gelten als Betriebe im Sinne dieses Gesetzes. Auf die in ihnen gebildeten Arbeitnehmervertretungen finden die Vorschriften über die Rechte und Pflichten des Betriebsrats und die Rechtsstellung seiner Mitglieder Anwendung.

§ 4 Betriebsteile, Kleinstbetriebe

(1) Betriebsteile gelten als selbstständige Betriebe, wenn sie die Voraussetzungen des § 1 Abs. 1 Satz 1 erfüllen und
1. räumlich weit vom Hauptbetrieb entfernt oder
2. durch Aufgabenbereich und Organisation eigenständig sind.

Die Arbeitnehmer eines Betriebsteils, in dem kein eigener Betriebsrat besteht, können mit Stimmenmehrheit formlos beschließen, an der Wahl des Betriebsrats im Hauptbetrieb teilzunehmen; § 3 Abs. 3 Satz 2 gilt entsprechend. Die Abstimmung kann auch vom Betriebsrat des Hauptbetriebs veranlasst werden. Der Beschluss ist dem Betriebsrat des Hauptbetriebs spätestens zehn Wochen vor Ablauf seiner Amtszeit mitzuteilen. Für den Widerruf des Beschlusses gelten die Sätze 2 bis 4 entsprechend.
(2) Betriebe, die die Voraussetzungen des § 1 Abs. 1 Satz 1 nicht erfüllen, sind dem Hauptbetrieb zuzuordnen.

§ 5 Arbeitnehmer

(1) Arbeitnehmer (Arbeitnehmerinnen und Arbeitnehmer) im Sinne dieses Gesetzes sind Arbeiter und Angestellte einschließlich der zu ihrer Berufsausbildung Beschäftigten, unabhängig davon, ob sie im Betrieb, im Außendienst oder mit Telearbeit beschäftigt werden. Als Arbeitnehmer gelten auch die in Heimarbeit Beschäftigten, die in der Hauptsache für den Betrieb arbeiten. Als Arbeitnehmer gelten ferner Beamte (Beamtinnen und Beamte), Soldaten (Soldatinnen und Soldaten) sowie Arbeitnehmer

des öffentlichen Dienstes einschließlich der zu ihrer Berufsausbildung Beschäftigten, die in Betrieben privatrechtlich organisierter Unternehmen tätig sind.

(2) Als Arbeitnehmer im Sinne dieses Gesetzes gelten nicht

1. in Betrieben einer juristischen Person die Mitglieder des Organs, das zur gesetzlichen Vertretung der juristischen Person berufen ist;
2. die Gesellschafter einer offenen Handelsgesellschaft oder die Mitglieder einer anderen Personengesamtheit, soweit sie durch Gesetz, Satzung oder Gesellschaftsvertrag zur Vertretung der Personengesamtheit oder zur Geschäftsführung berufen sind, in deren Betrieben;
3. Personen, deren Beschäftigung nicht in erster Linie ihrem Erwerb dient, sondern vorwiegend durch Beweggründe karitativer oder religiöser Art bestimmt ist;
4. Personen, deren Beschäftigung nicht in erster Linie ihrem Erwerb dient und die vorwiegend zu ihrer Heilung, Wiedereingewöhnung, sittlichen Besserung oder Erziehung beschäftigt werden;
5. der Ehegatte, der Lebenspartner, Verwandte und Verschwägerte ersten Grades, die in häuslicher Gemeinschaft mit dem Arbeitgeber leben.

(3) Dieses Gesetz findet, soweit in ihm nicht ausdrücklich etwas anderes bestimmt ist, keine Anwendung auf leitende Angestellte. Leitender Angestellter ist, wer nach Arbeitsvertrag und Stellung im Unternehmen oder im Betrieb

1. zur selbständigen Einstellung und Entlassung von im Betrieb oder in der Betriebsabteilung beschäftigten Arbeitnehmern berechtigt ist

oder

2. Generalvollmacht oder Prokura hat und die Prokura auch im Verhältnis zum Arbeitgeber nicht unbedeutend ist oder
3. regelmäßig sonstige Aufgaben wahrnimmt, die für den Bestand und die Entwicklung des Unternehmens oder eines Betriebs von Bedeutung sind und deren Erfüllung besondere Erfahrungen und Kenntnisse voraussetzt, wenn er dabei entweder die Entscheidungen im Wesentlichen frei von Weisungen trifft oder sie maßgeblich beeinflusst; dies kann auch bei Vorgaben insbesondere aufgrund von Rechtsvorschriften, Plänen oder Richtlinien sowie bei Zusammenarbeit mit anderen leitenden Angestellten gegeben sein.

Für die in Absatz 1 Satz 3 genannten Beamten und Soldaten gelten die Sätze 1 und 2 entsprechend.

(4) Leitender Angestellter nach Absatz 3 Nr. 3 ist im Zweifel, wer

1. aus Anlass der letzten Wahl des Betriebsrats, des Sprecherausschusses oder von Aufsichtsratsmitgliedern der Arbeitnehmer oder durch rechtskräftige gerichtliche Entscheidung den leitenden Angestellten zugeordnet worden ist oder
2. einer Leitungsebene angehört, auf der in dem Unternehmen überwiegend leitende Angestellte vertreten sind, oder
3. ein regelmäßiges Jahresarbeitsentgelt erhält, das für leitende Angestellte in dem Unternehmen üblich ist, oder,
4. falls auch bei der Anwendung der Nummer 3 noch Zweifel bleiben, ein regelmäßiges Jahresarbeitsentgelt erhält, das das Dreifache der Bezugsgröße nach § 18 des Vierten Buches Sozialgesetzbuch überschreitet.

...

Zweiter Teil
Betriebsrat, Betriebsversammlung, Gesamt- und Konzernbetriebsrat

Erster Abschnitt
Zusammensetzung und Wahl des Betriebsrats

§ 7 Wahlberechtigung

Wahlberechtigt sind alle Arbeitnehmer des Betriebs, die das 16. Lebensjahr vollendet haben. Werden Arbeitnehmer eines anderen Arbeitgebers zur Arbeitsleistung überlassen, so sind diese wahlberechtigt, wenn sie länger als drei Monate im Betrieb eingesetzt werden.

§ 8 Wählbarkeit

(1) Wählbar sind alle Wahlberechtigten, die das 18. Lebensjahr vollendet haben und sechs Monate dem Betrieb angehören oder als in Heimarbeit Beschäftigte in der Hauptsache für den Betrieb gearbeitet haben. Auf diese sechsmonatige Betriebszugehörigkeit werden Zeiten angerechnet, in denen der Arbeitnehmer unmittelbar vorher einem anderen Betrieb desselben Unternehmens oder Konzerns (§ 18 Abs. 1 des Aktiengesetzes)

angehört hat. Nicht wählbar ist, wer infolge strafgerichtlicher Verurteilung die Fähigkeit, Rechte aus öffentlichen Wahlen zu erlangen, nicht besitzt.
(2) Besteht der Betrieb weniger als sechs Monate, so sind abweichend von der Vorschrift in Abs. 1 über die sechsmonatige Betriebszugehörigkeit diejenigen Arbeitnehmer wählbar, die bei der Einleitung der Betriebsratswahl im Betrieb beschäftigt sind und die übrigen Voraussetzungen für die Wählbarkeit erfüllen.

§ 9 Zahl der Betriebsratsmitglieder

Der Betriebsrat besteht in Betrieben mit in der Regel
5 bis 20 wahlberechtigten Arbeitnehmern aus einer Person,
21 bis 50 wahlberechtigten Arbeitnehmern aus 3 Mitgliedern,
51 wahlberechtigten bis 100 Arbeitnehmern aus 5 Mitgliedern,
101 bis 200 Arbeitnehmern aus 7 Mitgliedern,
201 bis 400 Arbeitnehmern aus 9 Mitgliedern,
401 bis 700 Arbeitnehmern aus 11 Mitgliedern,
701 bis 1000 Arbeitnehmern aus 13 Mitgliedern,
1001 bis 1500 Arbeitnehmern aus 15 Mitgliedern,
1501 bis 2000 Arbeitnehmern aus 17 Mitgliedern,
2001 bis 2500 Arbeitnehmern aus 19 Mitgliedern,
2501 bis 3000 Arbeitnehmern aus 21 Mitgliedern,
3001 bis 3500 Arbeitnehmern aus 23 Mitgliedern,
3501 bis 4000 Arbeitnehmern aus 25 Mitgliedern,
4001 bis 4500 Arbeitnehmern aus 27 Mitgliedern,
4501 bis 5000 Arbeitnehmern aus 29 Mitgliedern,
5001 bis 6000 Arbeitnehmern aus 31 Mitgliedern,
6001 bis 7000 Arbeitnehmern aus 33 Mitgliedern,
7001 bis 9000 Arbeitnehmern aus 35 Mitgliedern.
In Betrieben mit mehr als 9000 Arbeitnehmern erhöht sich die Zahl der Mitglieder des Betriebsrats für je angefangene weitere 3000 Arbeitnehmer um 2 Mitglieder.

§ 10 Vertretung der Minderheitsgruppen

(aufgehoben)

§ 11 Ermäßigte Zahl der Betriebsratsmitglieder

Hat ein Betrieb nicht die ausreichende Zahl von wählbaren Arbeitnehmern, so ist die Zahl der Betriebsratsmitglieder der nächstniedrigeren Betriebsgröße zugrunde zu legen.

§ 12 Abweichende Verteilung der Betriebsratssitze

(aufgehoben)

§ 13 Zeitpunkt der Betriebsratswahlen

(1) Die regelmäßigen Betriebsratswahlen finden alle vier Jahre in der Zeit vom 1. März bis 31. Mai statt. Sie sind zeitgleich mit den regelmäßigen Wahlen nach § 5 Abs. 1 des Sprecherausschussgesetzes einzuleiten.
(2) Außerhalb dieser Zeit ist der Betriebsrat zu wählen, wenn
1. mit Ablauf von 24 Monaten, vom Tage der Wahl an gerechnet, die Zahl der regelmäßig beschäftigten Arbeitnehmer um die Hälfte, mindestens aber um fünfzig, gestiegen oder gesunken ist,
2. die Gesamtzahl der Betriebsratsmitglieder nach Eintreten sämtlicher Ersatzmitglieder unter die vorgeschriebene Zahl der Betriebsratsmitglieder gesunken ist,
3. der Betriebsrat mit der Mehrheit seiner Mitglieder seinen Rücktritt beschlossen hat,
4. die Betriebsratswahl mit Erfolg angefochten worden ist,
5. der Betriebsrat durch eine gerichtliche Entscheidung aufgelöst ist oder
6. im Betrieb ein Betriebsrat nicht besteht.

(3) Hat außerhalb des für die regelmäßigen Betriebsratswahlen festgelegten Zeitraums eine Betriebsratswahl stattgefunden, so ist der Betriebsrat in dem auf die Wahl folgenden nächsten Zeitraum der regelmäßigen Betriebsratswahlen neu zu wählen. Hat die Amtszeit des Betriebsrats zu Beginn
des für die regelmäßigen Betriebsratswahlen festgelegten Zeitraums noch nicht ein Jahr betragen, so ist der Betriebsrat in dem übernächsten Zeitraum der regelmäßigen Betriebsratswahlen neu zu wählen.

§ 14 Wahlvorschriften

(1) Der Betriebsrat wird in geheimer und unmittelbarer Wahl gewählt.
(2) Die Wahl erfolgt nach den Grundsätzen der Verhältniswahl. Sie erfolgt nach den Grundsätzen der Mehrheitswahl, wenn nur ein Wahlvorschlag eingereicht wird oder wenn der Betriebsrat im vereinfachten Wahlverfahren nach § 14a zu wählen ist.
(3) Zur Wahl des Betriebsrats können die wahlberechtigten Arbeitnehmer und die im Betrieb vertretenen Gewerkschaften Wahlvorschläge machen.
(4) In Betrieben mit in der Regel bis zu 20 wahlberechtigten Arbeitnehmern bedarf es keiner Unterzeichnung von Wahlvorschlägen. Wahlvorschläge sind in Betrieben mit in der Regel 21 bis 100 wahlberechtigten Arbeitnehmern von mindestens zwei wahlberechtigten Arbeitnehmern und in Betrieben mit in der Regel mehr als 100 wahlberechtigten Arbeitnehmern von mindestens einem Zwanzigstel der wahlberechtigten Arbeitnehmer zu unterzeichnen. In jedem Fall genügt die Unterzeichnung durch 50 wahlberechtigte Arbeitnehmer.
(5) Jeder Wahlvorschlag einer Gewerkschaft muss von zwei Beauftragten unterzeichnet sein.

§ 14a Vereinfachtes Wahlverfahren für Kleinbetriebe

(1) In Betrieben mit in der Regel fünf bis 100 wahlberechtigten Arbeitnehmern wird der Betriebsrat in einem zweistufigen Verfahren gewählt. Auf einer ersten Wahlversammlung wird der Wahlvorstand nach § 17a Nr. 3 gewählt. Auf einer zweiten Wahlversammlung wird der Betriebsrat in geheimer und unmittelbarer Wahl gewählt. Diese Wahlversammlung findet eine Woche nach der Wahlversammlung zur Wahl des Wahlvorstandes statt.
(2) Wahlvorschläge können bis zum Ende der Wahlversammlung zur Wahl des Wahlvorstandes nach § 17a Nr. 3 gemacht werden; für Wahlvorschläge der Arbeitnehmer gilt § 14 Abs. 4 mit der Maßgabe, dass für Wahlvorschläge, die erst auf dieser Wahlversammlung gemacht werden, keine Schriftform erforderlich ist.
(3) Ist der Wahlvorstand in Betrieben mit in der Regel fünf bis 100 wahlberechtigten Arbeitnehmern nach § 17a Nr. 1 in Verbindung mit § 16 vom Betriebsrat, Gesamtbetriebsrat oder Konzernbetriebsrat oder nach § 17a

Nr. 4 vom Arbeitsgericht bestellt, wird der Betriebsrat abweichend von Absatz 1 Sätze 1 und 2 auf nur einer Wahlversammlung in geheimer und unmittelbarer Wahl gewählt. Wahlvorschläge können bis eine Woche vor der Wahlversammlung zur Wahl des Betriebsrats gemacht werden; § 14 Abs. 4 gilt unverändert.
(4) Wahlberechtigten Arbeitnehmern, die an der Wahlversammlung zur Wahl des Betriebsrats nicht teilnehmen können, ist Gelegenheit zur schriftlichen Stimmabgabe zu geben.
(5) In Betrieben mit in der Regel 101 bis 200 wahlberechtigten Arbeitnehmern können der Wahlvorstand und der Arbeitgeber die Anwendung des vereinfachten Wahlverfahrens vereinbaren.

§ 15 Zusammensetzung nach Beschäftigungsarten und Geschlechtern

(1) Der Betriebsrat soll sich möglichst aus Arbeitnehmern der einzelnen Organisationsbereiche und der verschiedenen Beschäftigungsarten der im Betrieb tätigen Arbeitnehmer zusammensetzen.
(2) Das Geschlecht, das in der Belegschaft in der Minderheit ist, muss mindestens entsprechend seinem zahlenmäßigen Verhältnis im Betriebsrat vertreten sein, wenn dieser aus mindestens drei Mitgliedern besteht.

§ 16 Bestellung des Wahlvorstands

(1) Spätestens zehn Wochen vor Ablauf seiner Amtszeit bestellt der Betriebsrat einen aus drei Wahlberechtigten bestehenden Wahlvorstand und einen von ihnen als Vorsitzenden. Der Betriebsrat kann die Zahl der Wahlvorstandsmitglieder erhöhen, wenn dies zur ordnungsgemäßen Durchführung der Wahl erforderlich ist. Der Wahlvorstand muss in jedem Fall aus einer ungeraden Zahl von Mitgliedern bestehen. Für jedes Mitglied des Wahlvorstands kann für den Fall seiner Verhinderung ein Ersatzmitglied bestellt werden. In Betrieben mit weiblichen und männlichen Arbeitnehmern sollen dem Wahlvorstand Frauen und Männer angehören. Jede im Betrieb vertretene Gewerkschaft kann zusätzlich einen dem Betrieb angehörenden Beauftragten als nicht stimmberechtigtes Mitglied in den Wahlvorstand entsenden, sofern ihr nicht ein stimmberechtigtes Wahlvorstandsmitglied angehört.

(2) Besteht acht Wochen vor Ablauf der Amtszeit des Betriebsrats kein Wahlvorstand, so bestellt ihn das Arbeitsgericht auf Antrag von mindestens drei Wahlberechtigten oder einer im Betrieb vertretenen Gewerkschaft; Abs. 1 gilt entsprechend. In dem Antrag können Vorschläge für die Zusammensetzung des Wahlvorstands gemacht werden. Das Arbeitsgericht kann für Betriebe mit in der Regel mehr als zwanzig wahlberechtigten Arbeitnehmern auch Mitglieder einer im Betrieb vertretenen Gewerkschaft, die nicht Arbeitnehmer des Betriebs sind, zu Mitgliedern des Wahlvorstands bestellen, wenn dies zur ordnungsgemäßen Durchführung der Wahl erforderlich ist.
(3) Besteht acht Wochen vor Ablauf der Amtszeit des Betriebsrats kein Wahlvorstand, kann auch der Gesamtbetriebsrat oder, falls ein solcher nicht besteht, der Konzernbetriebsrat den Wahlvorstand bestellen. Absatz 1 gilt entsprechend.

§ 17 Bestellung des Wahlvorstands in Betrieben ohne Betriebsrat

(1) Besteht in einem Betrieb, der die Voraussetzungen des § 1 Abs. 1 Satz 1 erfüllt, kein Betriebsrat, so bestellt der Gesamtbetriebsrat oder, falls ein solcher nicht besteht, der Konzernbetriebsrat einen Wahlvorstand. § 16 Abs. 1 gilt entsprechend.
(2) Besteht weder ein Gesamtbetriebsrat noch ein Konzernbetriebsrat, so wird in einer Betriebsversammlung von der Mehrheit der anwesenden Arbeitnehmer ein Wahlvorstand gewählt; § 16 Abs. 1 gilt entsprechend. Gleiches gilt, wenn der Gesamtbetriebsrat oder Konzernbetriebsrat die Bestellung des Wahlvorstands nach Abs. 1 unterlässt.
(3) Zu dieser Betriebsversammlung können drei wahlberechtigte Arbeitnehmer des Betriebs oder eine im Betrieb vertretene Gewerkschaft einladen und Vorschläge für die Zusammensetzung des Wahlvorstands machen.
(4) Findet trotz Einladung keine Betriebsversammlung statt oder wählt die Betriebsversammlung keinen Wahlvorstand, so bestellt ihn das Arbeitsgericht auf Antrag von mindestens drei wahlberechtigten Arbeitnehmern oder einer im Betrieb vertretenen Gewerkschaft. § 16 Abs. 2 gilt entsprechend.

§ 17a Bestellung des Wahlvorstands im vereinfachten Wahlverfahren

Im Fall des § 14a finden die §§ 16 und 17 mit folgender Maßgabe Anwendung:

1. Die Frist des § 16 Abs. 1 Satz 1 wird auf vier Wochen und die des § 16 Abs. 2 Satz 1, Abs. 3 Satz 1 auf drei Wochen verkürzt.
2. § 16 Abs. 1 Satz 2 und 3 findet keine Anwendung.
3. In den Fällen des § 17 Abs. 2 wird der Wahlvorstand in einer Wahlversammlung von der Mehrheit der anwesenden Arbeitnehmer gewählt. Für die Einladung zu der Wahlversammlung gilt § 17 Abs. 3 entsprechend.
4. § 17 Abs. 4 gilt entsprechend, wenn trotz Einladung keine Wahlversammlung stattfindet oder auf der Wahlversammlung kein Wahlvorstand gewählt wird.

§ 18 Vorbereitung und Durchführung der Wahl

(1) Der Wahlvorstand hat die Wahl unverzüglich einzuleiten, sie durchzuführen und das Wahlergebnis festzustellen. Kommt der Wahlvorstand dieser Verpflichtung nicht nach, so ersetzt ihn das Arbeitsgericht auf Antrag des Betriebsrats von mindestens drei wahlberechtigten Arbeitnehmern oder einer im Betrieb vertretenen Gewerkschaft. § 16 Abs. 2 gilt entsprechend.

(2) Ist zweifelhaft, ob eine betriebsratsfähige Organisationseinheit vorliegt, so können der Arbeitgeber, jeder beteiligte Betriebsrat, jeder beteiligte Wahlvorstand oder eine im Betrieb vertretene Gewerkschaft eine Entscheidung des Arbeitsgerichts beantragen.

(3) Unverzüglich nach Abschluss der Wahl nimmt der Wahlvorstand öffentlich die Auszählung der Stimmen vor, stellt deren Ergebnis in einer Niederschrift fest und gibt es den Arbeitnehmern des Betriebs bekannt. Dem Arbeitgeber und den im Betrieb vertretenen Gewerkschaften ist eine Abschrift der Wahlniederschrift zu übersenden.

§ 18a Zuordnung der leitenden Angestellten bei Wahlen

(1) Sind die Wahlen nach § 13 Abs. 1 und nach § 5 Abs. 1 des Sprecherausschussgesetzes zeitgleich einzuleiten, so haben sich die Wahlvorstände

unverzüglich nach Aufstellung der Wählerlisten, spätestens jedoch zwei Wochen vor Einleitung der Wahlen, gegenseitig darüber zu unterrichten, welche Angestellten sie den leitenden Angestellten zugeordnet haben; dies gilt auch, wenn die Wahlen ohne Bestehen einer gesetzlichen Verpflichtung zeitgleich eingeleitet werden. Soweit zwischen den Wahlvorständen kein Einvernehmen über die Zuordnung besteht, haben sie in gemeinsamer Sitzung eine Einigung zu versuchen. Soweit eine Einigung zustande kommt, sind die Angestellten entsprechend ihrer Zuordnung in die jeweilige Wählerliste einzutragen.

(2) Soweit eine Einigung nicht zustande kommt, hat ein Vermittler spätestens eine Woche vor Einleitung der Wahlen erneut eine Verständigung der Wahlvorstände über die Zuordnung zu versuchen. Der Arbeitgeber hat den Vermittler auf dessen Verlangen zu unterstützen, insbesondere die erforderlichen Auskünfte zu erteilen und die erforderlichen Unterlagen zur Verfügung zu stellen. Bleibt der Verständigungsversuch erfolglos, so entscheidet der Vermittler nach Beratung mit dem Arbeitgeber. Abs. 1 Satz 3 gilt entsprechend.

(3) Auf die Person des Vermittlers müssen sich die Wahlvorstände einigen. Zum Vermittler kann nur ein Beschäftigter des Betriebs oder eines anderen Betriebs des Unternehmens oder Konzerns oder der Arbeitgeber bestellt werden. Kommt eine Einigung nicht zustande, so schlagen die Wahlvorstände je eine Person als Vermittler vor; durch Los wird entschieden, wer als Vermittler tätig wird.

(4) Wird mit der Wahl nach § 13 Abs. 1 oder 2 nicht zeitgleich eine Wahl nach dem Sprecherausschussgesetz eingeleitet, so hat der Wahlvorstand den Sprecherausschuss entsprechend Abs. 1 Satz 1 erster Halbsatz zu unterrichten. Soweit kein Einvernehmen über die Zuordnung besteht, hat der Sprecherausschuss Mitglieder zu benennen, die anstelle des Wahlvorstands an dem Zuordnungsverfahren teilnehmen. Wird mit der Wahl nach § 5 Abs. 1 oder 2 des Sprecherausschussgesetzes nicht zeitgleich eine Wahl nach diesem Gesetz eingeleitet, so gelten die Sätze 1 und 2 für den Betriebsrat entsprechend.

(5) Durch die Zuordnung wird der Rechtsweg nicht ausgeschlossen. Die Anfechtung der Betriebsratswahl oder der Wahl nach dem Sprecherausschussgesetz ist ausgeschlossen, soweit sie darauf gestützt wird, die Zuordnung sei fehlerhaft erfolgt. Satz 2 gilt nicht, soweit die Zuordnung offensichtlich fehlerhaft ist.

§ 19 Wahlanfechtung

(1) Die Wahl kann beim Arbeitsgericht angefochten werden, wenn gegen wesentliche Vorschriften über das Wahlrecht, die Wählbarkeit oder das Wahlverfahren verstoßen worden ist und eine Berichtigung nicht erfolgt ist, es sei denn, dass durch den Verstoß das Wahlergebnis nicht geändert oder beeinflusst werden konnte.
(2) Zur Anfechtung berechtigt sind mindestens drei Wahlberechtigte, eine im Betrieb vertretene Gewerkschaft oder der Arbeitgeber. Die Wahlanfechtung ist nur binnen einer Frist von zwei Wochen, vom Tage der Bekanntgabe des Wahlergebnisses an gerechnet, zulässig.
(3) Die Anfechtung durch die Wahlberechtigten ist ausgeschlossen, soweit sie darauf gestützt wird, dass die Wählerliste unrichtig ist, wenn nicht zuvor aus demselben Grund ordnungsgemäß Einspruch gegen die Richtigkeit der Wählerliste eingelegt wurde. Dies gilt nicht, wenn die anfechtenden Wahlberechtigten an der Einlegung eines Einspruchs gehindert waren. Die Anfechtung durch den Arbeitgeber ist ausgeschlossen, soweit sie darauf gestützt wird, dass die Wählerliste unrichtig ist und wenn diese Unrichtigkeit auf seinen Angaben beruht.

§ 20 Wahlschutz und Wahlkosten

(1) Niemand darf die Wahl des Betriebsrats behindern. Insbesondere darf kein Arbeitnehmer in der Ausübung des aktiven und passiven Wahlrechts beschränkt werden.
(2) Niemand darf die Wahl des Betriebsrats durch Zufügung oder Androhung von Nachteilen oder durch Gewährung oder Versprechen von Vorteilen beeinflussen.
(3) Die Kosten der Wahl trägt der Arbeitgeber. Versäumnis von Arbeitszeit, die zur Ausübung des Wahlrechts, zur Betätigung im Wahlvorstand oder zur Tätigkeit als Vermittler (§ 18a) erforderlich ist, berechtigt den Arbeitgeber nicht zur Minderung des Arbeitsentgelts.

Zweiter Abschnitt
Amtszeit des Betriebsrats

§ 21 Amtszeit

Die regelmäßige Amtszeit des Betriebsrats beträgt vier Jahre. Die Amtszeit beginnt mit der Bekanntgabe des Wahlergebnisses oder, wenn zu diesem Zeitpunkt noch ein Betriebsrat besteht, mit Ablauf von dessen Amtszeit. Die Amtszeit endet spätestens am 31. Mai des Jahres, in dem nach § 13 Abs. 1 die regelmäßigen Betriebsratswahlen stattfinden. In dem Fall des § 13 Abs. 3 Satz 2 endet die Amtszeit spätestens am 31. Mai des Jahres, in dem der Betriebsrat neu zu wählen ist. In den Fällen des § 13 Abs. 2 Nr. 1 und 2 endet die Amtszeit mit der Bekanntgabe des Wahlergebnisses des neu gewählten Betriebsrats.

…

§ 22 Weiterführung der Geschäfte des Betriebsrats

In den Fällen des § 13 Abs. 2 Nr. 1 bis 3 führt der Betriebsrat die Geschäfte weiter, bis der neue Betriebsrat gewählt und das Wahlergebnis bekannt gegeben ist.

…

§ 24 Erlöschen der Mitgliedschaft

Die Mitgliedschaft im Betriebsrat erlischt durch

1. Ablauf der Amtszeit,
2. Niederlegung des Betriebsratsamtes,
3. Beendigung des Arbeitsverhältnisses,
4. Verlust der Wählbarkeit,
5. Ausschluss aus dem Betriebsrat oder Auflösung des Betriebsrats auf Grund einer gerichtlichen Entscheidung,
6. gerichtliche Entscheidung über die Feststellung der Nichtwählbarkeit nach Ablauf der in § 19 Abs. 2 bezeichneten Frist, es sei denn, der Mangel liegt nicht mehr vor.

§ 25 Ersatzmitglieder

(1) Scheidet ein Mitglied des Betriebsrats aus, so rückt ein Ersatzmitglied nach. Dies gilt entsprechend für die Stellvertretung eines zeitweilig verhinderten Mitglieds des Betriebsrats.
(2) Die Ersatzmitglieder werden unter Berücksichtigung des § 15 Abs. 2 der Reihe nach aus den nichtgewählten Arbeitnehmern derjenigen Vorschlagslisten entnommen, denen die zu ersetzenden Mitglieder angehören. Ist eine Vorschlagsliste erschöpft, so ist das Ersatzmitglied derjenigen Vorschlagsliste zu entnehmen, auf die nach den Grundsätzen der Verhältniswahl der nächste Sitz entfallen würde. Ist das ausgeschiedene oder verhinderte Mitglied nach den Grundsätzen der Mehrheitswahl gewählt, so bestimmt sich die Reihenfolge der Ersatzmitglieder unter Berücksichtigung des § 15 Abs. 2 nach der Höhe der erreichten Stimmenzahlen.

Dritter Abschnitt
Geschäftsführung des Betriebsrats

...

§ 29 Einberufung der Sitzungen

(1) Vor Ablauf einer Woche nach dem Wahltag hat der Wahlvorstand die Mitglieder des Betriebsrats zu der nach § 26 Abs. 1 vorgeschriebenen Wahl einzuberufen. Der Vorsitzende des Wahlvorstands leitet die Sitzung, bis der Betriebsrat aus seiner Mitte einen Wahlleiter bestellt hat.
(2) Die weiteren Sitzungen beruft der Vorsitzende des Betriebsrats ein. Er setzt die Tagesordnung fest und leitet die Verhandlung. Der Vorsitzende hat die Mitglieder des Betriebsrats zu den Sitzungen rechtzeitig unter Mitteilung der Tagesordnung zu laden. Dies gilt auch für die Schwerbehindertenvertretung sowie für die Jugend- und Auszubildendenvertreter, soweit sie ein Recht auf Teilnahme an der Betriebsratssitzung haben. Kann ein Mitglied des Betriebsrats oder der Jugend- und Auszubildendenvertretung an der Sitzung nicht teilnehmen, so soll es dies unter Angabe der Gründe unverzüglich dem Vorsitzenden mitteilen. Der Vorsitzende hat für ein verhindertes Betriebsratsmitglied oder für einen verhinderten Jugend- und Auszubildendenvertreter das Ersatzmitglied zu laden.

(3) Der Vorsitzende hat eine Sitzung einzuberufen und den Gegenstand, dessen Beratung beantragt ist, auf die Tagesordnung zu setzen, wenn dies ein Viertel der Mitglieder des Betriebsrats oder der Arbeitgeber beantragt.
(4) Der Arbeitgeber nimmt an den Sitzungen, die auf sein Verlangen anberaumt sind, und an den Sitzungen, zu denen er ausdrücklich eingeladen ist, teil. Er kann einen Vertreter der Vereinigung der Arbeitgeber, der er angehört, hinzuziehen.

...

Erste Verordnung zur Durchführung des Betriebsverfassungsgesetzes (Wahlordnung – WO)

vom 11. Dezember 2001, zuletzt geändert durch Verordnung vom 8. Oktober 2021 (BGBl. I S. 4640).

Erster Teil
Wahl des Betriebsrats (§ 14 des Gesetzes)

Erster Abschnitt
Allgemeine Vorschriften

§ 1 Wahlvorstand

(1) Die Leitung der Wahl obliegt dem Wahlvorstand.
(2) Der Wahlvorstand kann sich eine schriftliche Geschäftsordnung geben. Er kann Wahlberechtigte als Wahlhelferinnen und Wahlhelfer zu seiner Unterstützung bei der Durchführung der Stimmabgabe und bei der Stimmenzählung heranziehen.
(3) Die Beschlüsse des Wahlvorstands werden mit einfacher Stimmenmehrheit seiner stimmberechtigten Mitglieder gefasst. Die Sitzungen des Wahlvorstands finden als Präsenzsitzung statt. Über jede Sitzung des Wahlvorstands ist eine Niederschrift aufzunehmen, die mindestens den Wortlaut der gefassten Beschlüsse enthält. Die Niederschrift ist von der oder dem Vorsitzenden und einem weiteren stimmberechtigten Mitglied des Wahlvorstands zu unterzeichnen.
(4) Abweichend von Absatz 3 Satz 2 kann der Wahlvorstand beschließen, dass die Teilnahme an einer nicht öffentlichen Sitzung des Wahlvorstands mittels Video- und Telefonkonferenz erfolgen kann. Dies gilt nicht für Sitzungen des Wahlvorstands

1. im Rahmen einer Wahlversammlung nach § 14a Absatz 1 Satz 2 des Gesetzes,
2. zur Prüfung eingereichter Vorschlagslisten (§ 7 Absatz 2 Satz 2),
3. zur Durchführung eines Losverfahrens nach § 10 Absatz 1.

Es muss sichergestellt sein, dass Dritte vom Inhalt der Sitzung keine Kenntnis nehmen können. Eine Aufzeichnung der Sitzung ist unzulässig. Die mittels Video- und Telefonkonferenz Teilnehmenden bestätigen ihre Teilnahme gegenüber der oder dem Vorsitzenden in Textform. Die Bestätigung ist der Niederschrift nach Absatz 3 beizufügen.

(5) Erfolgt die Sitzung des Wahlvorstands mit der zusätzlichen Möglichkeit der Teilnahme mittels Video- und Telefonkonferenz, gilt auch eine Teilnahme vor Ort als erforderlich.

§ 2 Wählerliste

(1) Der Wahlvorstand hat für jede Betriebsratswahl eine Liste der Wahlberechtigten (Wählerliste), getrennt nach den Geschlechtern, aufzustellen. Die Wahlberechtigten sollen mit Familienname, Vorname und Geburtsdatum in alphabetischer Reihenfolge aufgeführt werden. Die nach Absatz 3 Satz 2 nicht passiv Wahlberechtigten sind in der Wählerliste auszuweisen.

(2) Der Arbeitgeber hat dem Wahlvorstand alle für die Anfertigung der Wählerliste erforderlichen Auskünfte zu erteilen und die erforderlichen Unterlagen zur Verfügung zu stellen. Er hat den Wahlvorstand insbesondere bei Feststellung der in § 5 Abs. 3 des Gesetzes genannten Personen zu unterstützen.

(3) Das aktive und passive Wahlrecht steht nur Arbeitnehmerinnen und Arbeitnehmern zu, die in die Wählerliste eingetragen sind. Wahlberechtigten Arbeitnehmerinnen und Arbeitnehmern, die nach § 8 des Gesetzes am Wahltag nicht wählbar sind und wahlberechtigten Leiharbeitnehmerinnen und Leiharbeitnehmern (§ 14 Absatz 2 Satz 1 des Arbeitnehmerüberlassungsgesetzes) steht nur das aktive Wahlrecht zu.

(4) Ein Abdruck der Wählerliste und ein Abdruck dieser Verordnung sind vom Tage der Einleitung der Wahl (§ 3 Abs. 1) bis zum Abschluss der Stimmabgabe an geeigneter Stelle im Betrieb zur Einsichtnahme auszulegen. Der Abdruck der Wählerliste soll die Geburtsdaten der Wahlberechtigten nicht enthalten. Ergänzend können der Abdruck der Wählerliste und die Verordnung mittels der im Betrieb vorhandenen Informations- und Kommunikationstechnik bekannt gemacht werden. Die Bekanntmachung ausschließlich in elektronischer Form ist nur zulässig, wenn alle Arbeitnehmerinnen und Arbeitnehmer von der Bekanntmachung Kennt-

nis erlangen können und Vorkehrungen getroffen werden, dass Änderungen der Bekanntmachung nur vom Wahlvorstand vorgenommen werden können.

(5) Der Wahlvorstand soll dafür sorgen, dass ausländische Arbeitnehmerinnen und Arbeitnehmer, die der deutschen Sprache nicht mächtig sind, vor Einleitung der Betriebsratswahl über Wahlverfahren, Aufstellung der Wähler- und Vorschlagslisten, Wahlvorgang und Stimmabgabe in geeigneter Weise unterrichtet werden.

§ 3 Wahlausschreiben

(1) Spätestens sechs Wochen vor dem ersten Tag der Stimmabgabe erlässt der Wahlvorstand ein Wahlausschreiben, das von der oder dem Vorsitzenden und von mindestens einem weiteren stimmberechtigten Mitglied des Wahlvorstands zu unterschreiben ist. Mit Erlass des Wahlausschreibens ist die Betriebsratswahl eingeleitet. Der erste Tag der Stimmabgabe soll spätestens eine Woche vor dem Tag liegen, an dem die Amtszeit des Betriebsrats abläuft.

(2) Das Wahlausschreiben muss folgende Angaben enthalten:

1. das Datum seines Erlasses;
2. die Bestimmung des Orts, an dem die Wählerliste und diese Verordnung ausliegen, sowie im Fall der Bekanntmachung in elektronischer Form (§ 2 Abs. 4 Satz 3 und 4) wo und wie von der Wählerliste und der Verordnung Kenntnis genommen werden kann;
3. dass nur Arbeitnehmerinnen und Arbeitnehmer wählen oder gewählt werden können, die in die Wählerliste eingetragen sind, und dass Einsprüche gegen die Wählerliste (§ 4) nur vor Ablauf von zwei Wochen seit dem Erlass des Wahlausschreibens schriftlich beim Wahlvorstand eingelegt werden können, verbunden mit dem Hinweis auf die Anfechtungsausschlussgründe nach § 19 Absatz 3 des Gesetzes; der letzte Tag der Frist und im Fall des § 41 Absatz 2 zusätzlich die Uhrzeit sind anzugeben;
4. den Anteil der Geschlechter und den Hinweis, dass das Geschlecht in der Minderheit im Betriebsrat mindestens entsprechend seinem zahlenmäßigen Verhältnis vertreten sein muss, wenn der Betriebsrat aus mindestens drei Mitgliedern besteht (§ 15 Abs. 2 des Gesetzes);

5. die Zahl der zu wählenden Betriebsratsmitglieder (§ 9 des Gesetzes) sowie die auf das Geschlecht in der Minderheit entfallenden Mindestsitze im Betriebsrat (§ 15 Abs. 2 des Gesetzes);
6. die Mindestzahl von Wahlberechtigten, von denen ein Wahlvorschlag unterzeichnet sein muss (§ 14 Abs. 4 des Gesetzes);
7. dass der Wahlvorschlag einer im Betrieb vertretenen Gewerkschaft von zwei Beauftragten unterzeichnet sein muss (§ 14 Abs. 5 des Gesetzes);
8. dass Wahlvorschläge vor Ablauf von zwei Wochen seit dem Erlass des Wahlausschreibens beim Wahlvorstand in Form von Vorschlagslisten einzureichen sind, wenn mehr als fünf Betriebsratsmitglieder zu wählen sind; der letzte Tag der Frist und im Fall des § 41 Absatz 2 zusätzlich die Uhrzeit sind anzugeben;
9. dass die Stimmabgabe an die Wahlvorschläge gebunden ist und dass nur solche Wahlvorschläge berücksichtigt werden dürfen, die fristgerecht (Nr. 8) eingereicht sind;
10. die Bestimmung des Orts, an dem die Wahlvorschläge bis zum Abschluss der Stimmabgabe aushängen;
11. Ort, Tag und Zeit der Stimmabgabe sowie die Betriebsteile und Kleinstbetriebe, für die schriftliche Stimmabgabe (§ 24 Abs. 3) beschlossen ist;
12. den Ort, an dem Einsprüche, Wahlvorschläge und sonstige Erklärungen gegenüber dem Wahlvorstand abzugeben sind (Betriebsadresse des Wahlvorstands);
13. Ort, Tag und Zeit der öffentlichen Stimmauszählung.

(3) Sofern es nach Größe, Eigenart oder Zusammensetzung der Arbeitnehmerschaft des Betriebs zweckmäßig ist, soll der Wahlvorstand im Wahlausschreiben darauf hinweisen, dass bei der Aufstellung von Wahlvorschlägen die einzelnen Organisationsbereiche und die verschiedenen Beschäftigungsarten berücksichtigt werden sollen.

(4) Ein Abdruck des Wahlausschreibens ist vom Tage seines Erlasses bis zum letzten Tage der Stimmabgabe an einer oder mehreren geeigneten, den Wahlberechtigten zugänglichen Stellen vom Wahlvorstand auszuhängen und in gut lesbarem Zustand zu erhalten. Ergänzend kann das Wahlausschreiben mittels der im Betrieb vorhandenen Informations- und Kommunikationstechnik bekannt gemacht werden. 3§ 2 Abs. 4 Satz 4 gilt entsprechend. Ergänzend hat der Wahlvorstand das Wahlausschreiben den

Personen nach § 24 Absatz 2 postalisch oder elektronisch zu übermitteln; der Arbeitgeber hat dem Wahlvorstand die dazu erforderlichen Informationen zur Verfügung zu stellen.

§ 4 Einspruch gegen die Wählerliste

(1) Einsprüche gegen die Richtigkeit der Wählerliste können mit Wirksamkeit für die Betriebsratswahl nur vor Ablauf von zwei Wochen seit Erlass des Wahlausschreibens beim Wahlvorstand schriftlich eingelegt werden.
(2) Über Einsprüche nach Absatz 1 hat der Wahlvorstand unverzüglich zu entscheiden. Der Einspruch ist ausgeschlossen, soweit er darauf gestützt wird, dass die Zuordnung nach § 18a des Gesetzes fehlerhaft erfolgt sei. Satz 2 gilt nicht, soweit die nach § 18a Abs. 1 oder 4 Satz 1 und 2 des Gesetzes am Zuordnungsverfahren Beteiligten die Zuordnung übereinstimmend für offensichtlich fehlerhaft halten. Wird der Einspruch für begründet erachtet, so ist die Wählerliste zu berichtigen. Die Entscheidung des Wahlvorstands ist der Arbeitnehmerin oder dem Arbeitnehmer, die oder der den Einspruch eingelegt hat, unverzüglich schriftlich mitzuteilen; die Entscheidung muss der Arbeitnehmerin oder dem Arbeitnehmer spätestens am Tage vor dem Beginn der Stimmabgabe zugehen.
(3) Nach Ablauf der Einspruchsfrist soll der Wahlvorstand die Wählerliste nochmals auf ihre Vollständigkeit hin überprüfen. Im Übrigen kann nach Ablauf der Einspruchsfrist die Wählerliste nur bei Schreibfehlern, offenbaren Unrichtigkeiten, in Erledigung rechtzeitig eingelegter Einsprüche oder bei Eintritt von Wahlberechtigten in den Betrieb oder bei Ausscheiden aus dem Betrieb bis zum Abschluss der Stimmabgabe berichtigt oder ergänzt werden.

§ 5 Bestimmung der Mindestsitze für das Geschlecht in der Minderheit

(1) Der Wahlvorstand stellt fest, welches Geschlecht von seinem zahlenmäßigen Verhältnis im Betrieb in der Minderheit ist. Sodann errechnet der Wahlvorstand den Mindestanteil der Betriebsratssitze für das Geschlecht in der Minderheit (§ 15 Abs. 2 des Gesetzes) nach den Grundsätzen der Verhältniswahl. Zu diesem Zweck werden die Zahlen der am Tage des Er-

lasses des Wahlausschreibens im Betrieb beschäftigten Frauen und Männer in einer Reihe nebeneinander gestellt und beide durch 1, 2, 3, 4 usw. geteilt. Die ermittelten Teilzahlen sind nacheinander reihenweise unter den Zahlen der ersten Reihe aufzuführen, bis höhere Teilzahlen für die Zuweisung der zu verteilenden Sitze nicht mehr in Betracht kommen.
(2) Unter den so gefundenen Teilzahlen werden so viele Höchstzahlen ausgesondert und der Größe nach geordnet, wie Betriebsratsmitglieder zu wählen sind. Das Geschlecht in der Minderheit erhält so viele Mitgliedersitze zugeteilt, wie Höchstzahlen auf es entfallen. Wenn die niedrigste in Betracht kommende Höchstzahl auf beide Geschlechter zugleich entfällt, so entscheidet das Los darüber, welchem Geschlecht dieser Sitz zufällt.

Zweiter Abschnitt
Wahl von mehr als fünf Betriebsratsmitgliedern
(aufgrund von Vorschlagslisten)

Erster Unterabschnitt
Einreichung und Bekanntmachung von Vorschlagslisten

§ 6 Vorschlagslisten

(1) Sind mehr als fünf Betriebsratsmitglieder zu wählen, so erfolgt die Wahl aufgrund von Vorschlagslisten, sofern nicht die Anwendung des vereinfachten Wahlverfahrens vereinbart worden ist (§ 14a Absatz 5 des Gesetzes). Die Vorschlagslisten sind von den Wahlberechtigten vor Ablauf von zwei Wochen seit Erlass des Wahlausschreibens beim Wahlvorstand einzureichen.
(2) Jede Vorschlagsliste soll mindestens doppelt so viele Bewerberinnen oder Bewerber aufweisen, wie Betriebsratsmitglieder zu wählen sind.
(3) In jeder Vorschlagsliste sind die einzelnen Bewerberinnen oder Bewerber in erkennbarer Reihenfolge unter fortlaufender Nummer und unter Angabe von Familienname, Vorname, Geburtsdatum und Art der Beschäftigung im Betrieb aufzuführen. Die schriftliche Zustimmung der Bewerberinnen oder der Bewerber zur Aufnahme in die Liste ist beizufügen.
(4) Wenn kein anderer Unterzeichner der Vorschlagsliste ausdrücklich als Listenvertreter bezeichnet ist, wird die oder der an erster Stelle Unterzeichnete als Listenvertreterin oder Listenvertreter angesehen. Diese Person ist

berechtigt und verpflichtet, dem Wahlvorstand die zur Beseitigung von Beanstandungen erforderlichen Erklärungen abzugeben sowie Erklärungen und Entscheidungen des Wahlvorstands entgegenzunehmen.
(5) Die Unterschrift eines Wahlberechtigten zählt nur auf einer Vorschlagsliste. Hat ein Wahlberechtigter mehrere Vorschlagslisten unterzeichnet, so hat er auf Aufforderung des Wahlvorstands binnen einer ihm gesetzten angemessenen Frist, spätestens jedoch vor Ablauf von drei Arbeitstagen, zu erklären, welche Unterschrift er aufrechterhält. Unterbleibt die fristgerechte Erklärung, so wird sein Name auf der zuerst eingereichten Vorschlagsliste gezählt und auf den übrigen Listen gestrichen; sind mehrere Vorschlagslisten, die von demselben Wahlberechtigten unterschrieben sind, gleichzeitig eingereicht worden, so entscheidet das Los darüber, auf welcher Vorschlagsliste die Unterschrift gilt.
(6) Eine Verbindung von Vorschlagslisten ist unzulässig.
(7) Eine Bewerberin oder ein Bewerber kann nur auf einer Vorschlagsliste vorgeschlagen werden. Ist der Name dieser Person mit ihrer schriftlichen Zustimmung auf mehreren Vorschlagslisten aufgeführt, so hat sie auf Aufforderung des Wahlvorstands vor Ablauf von drei Arbeitstagen zu erklären, welche Bewerbung sie aufrechterhält. Unterbleibt die fristgerechte Erklärung, so ist die Bewerberin oder der Bewerber auf sämtlichen Listen zu streichen.

§ 7 Prüfung der Vorschlagslisten

(1) Der Wahlvorstand hat bei Überbringen der Vorschlagsliste oder, falls die Vorschlagsliste auf eine andere Weise eingereicht wird, der Listenvertreterin oder dem Listenvertreter den Zeitpunkt der Einreichung schriftlich zu bestätigen.
(2) Der Wahlvorstand hat die eingereichten Vorschlagslisten, wenn die Liste nicht mit einem Kennwort versehen ist, mit Familienname und Vorname der beiden in der Liste an erster Stelle Benannten zu bezeichnen. Er hat die Vorschlagsliste unverzüglich, möglichst binnen einer Frist von zwei Arbeitstagen nach ihrem Eingang, zu prüfen und bei Ungültigkeit oder Beanstandung einer Liste die Listenvertreterin oder den Listenvertreter unverzüglich schriftlich unter Angabe der Gründe zu unterrichten.

§ 8 Ungültige Vorschlagslisten

(1) Ungültig sind Vorschlagslisten,
1. die nicht fristgerecht eingereicht worden sind,
2. auf denen die Bewerberinnen oder Bewerber nicht in erkennbarer Reihenfolge aufgeführt sind,
3. die bei der Einreichung nicht die erforderliche Zahl von Unterschriften (§ 14 Absatz 4 Satz 2 und 3 des Gesetzes) aufweisen. Die Rücknahme von Unterschriften auf einer eingereichten Vorschlagsliste beeinträchtigt deren Gültigkeit nicht; § 6 Abs. 5 bleibt unberührt.

(2) Ungültig sind auch Vorschlagslisten,
1. auf denen die Bewerberinnen oder Bewerber nicht in der in § 6 Abs. 3 bestimmten Weise bezeichnet sind,
2. wenn die schriftliche Zustimmung der Bewerberinnen oder der Bewerber zur Aufnahme in die Vorschlagsliste nicht vorliegt,
3. wenn die Vorschlagsliste infolge von Streichung gemäß § 6 Abs. 5 nicht mehr die erforderliche Zahl von Unterschriften aufweist,

falls diese Mängel trotz Beanstandung nicht binnen einer Frist von drei Arbeitstagen beseitigt werden.

§ 9 Nachfrist für Vorschlagslisten

(1) Ist nach Ablauf der in § 6 Abs. 1 genannten Frist keine gültige Vorschlagsliste eingereicht, so hat dies der Wahlvorstand sofort in der gleichen Weise bekannt zu machen wie das Wahlausschreiben und eine Nachfrist von einer Woche für die Einreichung von Vorschlagslisten zu setzen. In der Bekanntmachung ist darauf hinzuweisen, dass die Wahl nur stattfinden kann, wenn innerhalb der Nachfrist mindestens eine gültige Vorschlagsliste eingereicht wird.

(2) Wird trotz Bekanntmachung nach Absatz 1 eine gültige Vorschlagsliste nicht eingereicht, so hat der Wahlvorstand sofort bekannt zu machen, dass die Wahl nicht stattfindet.

§ 10 Bekanntmachung der Vorschlagslisten

(1) Nach Ablauf der in § 6 Abs. 1, § 8 Abs. 2 und § 9 Abs. 1 genannten Fristen ermittelt der Wahlvorstand durch das Los die Reihenfolge der Ord-

nungsnummern, die den eingereichten Vorschlagslisten zugeteilt werden (Liste 1 usw.). Die Listenvertreterin oder der Listenvertreter sind zu der Losentscheidung rechtzeitig einzuladen.
(2) Spätestens eine Woche vor Beginn der Stimmabgabe hat der Wahlvorstand die als gültig anerkannten Vorschlagslisten bis zum Abschluss der Stimmabgabe in gleicher Weise bekannt zu machen wie das Wahlausschreiben (§ 3 Absatz 4 Satz 1 bis 3).

Zweiter Unterabschnitt Wahlverfahren bei mehreren Vorschlagslisten (§ 14 Abs. 2 Satz 1 des Gesetzes)

§ 11 Stimmabgabe

(1) Die Wählerin oder der Wähler kann ihre oder seine Stimme nur für eine der als gültig anerkannten Vorschlagslisten abgeben. Die Stimmabgabe erfolgt durch Abgabe von Stimmzetteln.
(2) Auf den Stimmzetteln sind die Vorschlagslisten nach der Reihenfolge der Ordnungsnummern sowie unter Angabe der beiden an erster Stelle benannten Bewerberinnen oder Bewerber mit Familienname, Vorname und Art der Beschäftigung im Betrieb untereinander aufzuführen; bei Listen, die mit Kennworten versehen sind, ist auch das Kennwort anzugeben. Die Stimmzettel für die Betriebsratswahl müssen sämtlich die gleiche Größe, Farbe, Beschaffenheit und Beschriftung haben.
(3) Die Wählerin oder der Wähler kennzeichnet die von ihr oder ihm gewählte Vorschlagsliste durch Ankreuzen an der im Stimmzettel hierfür vorgesehenen Stelle und faltet ihn in der Weise, dass ihre oder seine Stimme nicht erkennbar ist.
(4) Stimmzettel, die mit einem besonderen Merkmal versehen sind oder aus denen sich der Wille der Wählerin oder des Wählers nicht unzweifelhaft ergibt oder die andere Angaben als die in Absatz 1 genannten Vorschlagslisten, einen Zusatz oder sonstige Änderungen enthalten, sind ungültig.

§ 12 Wahlvorgang

(1) Der Wahlvorstand hat geeignete Vorkehrungen für die unbeobachtete Bezeichnung der Stimmzettel im Wahlraum zu treffen und für die Bereitstellung einer Wahlurne oder mehrerer Wahlurnen zu sorgen. Die Wahlurne muss vom Wahlvorstand verschlossen und so eingerichtet sein, dass die eingeworfenen Stimmzettel nicht herausgenommen werden können, ohne dass die Urne geöffnet wird.
(2) Während der Wahl müssen immer mindestens zwei stimmberechtigte Mitglieder des Wahlvorstands im Wahlraum anwesend sein; sind Wahlhelferinnen oder Wahlhelfer bestellt (§ 1 Abs. 2), so genügt die Anwesenheit eines stimmberechtigten Mitglieds des Wahlvorstands und einer Wahlhelferin oder eines Wahlhelfers.
(3) Die Wählerin oder der Wähler gibt ihren oder seinen Namen an und wirft den gefalteten Stimmzettel in die Wahlurne ein, nachdem die Stimmabgabe in der Wählerliste vermerkt worden ist.
(4) Wer infolge seiner Behinderung bei der Stimmabgabe beeinträchtigt ist, kann eine Person seines Vertrauens bestimmen, die ihm bei der Stimmabgabe behilflich sein soll, und teilt dies dem Wahlvorstand mit. Wahlbewerberinnen oder Wahlbewerber, Mitglieder des Wahlvorstands sowie Wahlhelferinnen und Wahlhelfer dürfen nicht zur Hilfeleistung herangezogen werden. Die Hilfeleistung beschränkt sich auf die Erfüllung der Wünsche der Wählerin oder des Wählers zur Stimmabgabe; die Person des Vertrauens darf gemeinsam mit der Wählerin oder dem Wähler die Wahlzelle aufsuchen. Sie ist zur Geheimhaltung der Kenntnisse verpflichtet, die sie bei der Hilfeleistung zur Stimmabgabe erlangt hat. Die Sätze 1 bis 4 gelten entsprechend für des Lesens unkundige Wählerinnen und Wähler.
(5) Nach Abschluss der Stimmabgabe ist die Wahlurne zu versiegeln, wenn die Stimmenzählung nicht unmittelbar nach Beendigung der Wahl durchgeführt wird. Gleiches gilt, wenn die Stimmabgabe unterbrochen wird, insbesondere wenn sie an mehreren Tagen erfolgt.

§ 13 Öffentliche Stimmauszählung

Unverzüglich nach Abschluss der Wahl nimmt der Wahlvorstand öffentlich die Auszählung der Stimmen vor und gibt das aufgrund der Auszählung sich ergebende Wahlergebnis bekannt. Sofern eine schriftliche

Stimmabgabe erfolgt ist, führt der Wahlvorstand vor Beginn der Stimmauszählung das Verfahren nach § 26 durch.

§ 14 Verfahren bei der Stimmauszählung

(1) Nach Öffnung der Wahlurne entnimmt der Wahlvorstand die Stimmzettel und zählt die auf jede Vorschlagsliste entfallenden Stimmen zusammen. Dabei ist die Gültigkeit der Stimmzettel zu prüfen.
(2) Befindet sich in der Wahlurne ein Wahlumschlag mit mehreren gekennzeichneten Stimmzetteln (§ 26 Absatz 1 Satz 3, § 35 Absatz 4 Satz 3), so werden sie, wenn sie vollständig übereinstimmen, nur einfach gezählt, andernfalls als ungültig angesehen.

§ 15 Verteilung der Betriebsratssitze auf die Vorschlagslisten

(1) Die Betriebsratssitze werden auf die Vorschlagslisten verteilt. Dazu werden die den einzelnen Vorschlagslisten zugefallenen Stimmenzahlen in einer Reihe nebeneinander gestellt und sämtlich durch 1, 2, 3, 4 usw. geteilt. Die ermittelten Teilzahlen sind nacheinander reihenweise unter den Zahlen der ersten Reihe aufzuführen, bis höhere Teilzahlen für die Zuweisung der zu verteilenden Sitze nicht mehr in Betracht kommen.
(2) Unter den so gefundenen Teilzahlen werden so viele Höchstzahlen ausgesondert und der Größe nach geordnet, wie Betriebsratsmitglieder zu wählen sind. Jede Vorschlagsliste erhält so viele Mitgliedersitze zugeteilt, wie Höchstzahlen auf sie entfallen. Entfällt die niedrigste in Betracht kommende Höchstzahl auf mehrere Vorschlagslisten zugleich, so entscheidet das Los darüber, welcher Vorschlagsliste dieser Sitz zufällt.
(3) Wenn eine Vorschlagsliste weniger Bewerberinnen oder Bewerber enthält, als Höchstzahlen auf sie entfallen, so gehen die überschüssigen Mitgliedersitze auf die folgenden Höchstzahlen der anderen Vorschlagslisten über.
(4) Die Reihenfolge der Bewerberinnen oder Bewerber innerhalb der einzelnen Vorschlagslisten bestimmt sich nach der Reihenfolge ihrer Benennung.
(5) Befindet sich unter den auf die Vorschlagslisten entfallenden Höchstzahlen nicht die erforderliche Mindestzahl von Angehörigen des Geschlechts in der Minderheit nach § 15 Abs. 2 des Gesetzes, so gilt Folgendes:

1. An die Stelle der auf der Vorschlagsliste mit der niedrigsten Höchstzahl benannten Person, die nicht dem Geschlecht in der Minderheit angehört, tritt die in derselben Vorschlagsliste in der Reihenfolge nach ihr benannte, nicht berücksichtigte Person des Geschlechts in der Minderheit.
2. Enthält diese Vorschlagsliste keine Person des Geschlechts in der Minderheit, so geht dieser Sitz auf die Vorschlagsliste mit der folgenden, noch nicht berücksichtigten Höchstzahl und mit Angehörigen des Geschlechts in der Minderheit über. 2Entfällt die folgende Höchstzahl auf mehrere Vorschlagslisten zugleich, so entscheidet das Los darüber, welcher Vorschlagsliste dieser Sitz zufällt.
3. Das Verfahren nach den Nummern 1 und 2 ist so lange fortzusetzen, bis der Mindestanteil der Sitze des Geschlechts in der Minderheit nach § 15 Abs. 2 des Gesetzes erreicht ist.
4. Bei der Verteilung der Sitze des Geschlechts in der Minderheit sind auf den einzelnen Vorschlagslisten nur die Angehörigen dieses Geschlechts in der Reihenfolge ihrer Benennung zu berücksichtigen.
5. Verfügt keine andere Vorschlagsliste über Angehörige des Geschlechts in der Minderheit, verbleibt der Sitz bei der Vorschlagsliste, die zuletzt ihren Sitz zu Gunsten des Geschlechts in der Minderheit nach Nummer 1 hätte abgeben müssen.

§ 16 Wahlniederschrift

(1) Nachdem ermittelt ist, welche Arbeitnehmerinnen und Arbeitnehmer als Betriebsratsmitglieder gewählt sind, hat der Wahlvorstand in einer Niederschrift festzustellen:

1. die Gesamtzahl der abgegebenen Stimmen und die Zahl der abgegebenen gültigen Stimmen;
2. die jeder Liste zugefallenen Stimmenzahlen;
3. die berechneten Höchstzahlen;
4. die Verteilung der berechneten Höchstzahlen auf die Listen;
5. die Zahl der ungültigen Stimmen;
6. die Namen der in den Betriebsrat gewählten Bewerberinnen und Bewerber;
7. gegebenenfalls besondere während der Betriebsratswahl eingetretene Zwischenfälle oder sonstige Ereignisse.

(2) Die Niederschrift ist von der oder dem Vorsitzenden und von mindestens einem weiteren stimmberechtigten Mitglied des Wahlvorstands zu unterschreiben.

§ 17 Benachrichtigung der Gewählten

(1) Der Wahlvorstand hat die als Betriebsratsmitglieder gewählten Arbeitnehmerinnen und Arbeitnehmer unverzüglich schriftlich von ihrer Wahl zu benachrichtigen. Erklärt die gewählte Person nicht binnen drei Arbeitstagen nach Zugang der Benachrichtigung dem Wahlvorstand, dass sie die Wahl ablehne, so gilt die Wahl als angenommen.
(2) Lehnt eine gewählte Person die Wahl ab, so tritt an ihre Stelle die in derselben Vorschlagsliste in der Reihenfolge nach ihr benannte, nicht gewählte Person. Gehört die gewählte Person dem Geschlecht in der Minderheit an, so tritt an ihre Stelle die in derselben Vorschlagsliste in der Reihenfolge nach ihr benannte, nicht gewählte Person desselben Geschlechts, wenn ansonsten das Geschlecht in der Minderheit nicht die ihm nach § 15 Abs. 2 des Gesetzes zustehenden Mindestsitze erhält. § 15 Abs. 5 Nr. 2 bis 5 gilt entsprechend.

§ 18 Bekanntmachung der Gewählten

Sobald die Namen der Betriebsratsmitglieder endgültig feststehen, hat der Wahlvorstand sie durch zweiwöchigen Aushang in gleicher Weise bekannt zu machen wie das Wahlausschreiben (§ 3 Absatz 4 Satz 1 bis 3). Je eine Abschrift der Wahlniederschrift (§ 16) ist dem Arbeitgeber und den im Betrieb vertretenen Gewerkschaften unverzüglich zu übersenden.

§ 19 Aufbewahrung der Wahlakten

Der Betriebsrat hat die Wahlakten mindestens bis zur Beendigung seiner Amtszeit aufzubewahren.

Dritter Unterabschnitt
Wahlverfahren bei nur einer Vorschlagsliste
(§ 14 Abs. 2 Satz 2 erster Halbsatz des Gesetzes)

§ 20 Stimmabgabe

(1) Ist nur eine gültige Vorschlagsliste eingereicht, so kann die Wählerin oder der Wähler ihre oder seine Stimme nur für solche Bewerberinnen oder Bewerber abgeben, die in der Vorschlagsliste aufgeführt sind.
(2) Auf den Stimmzetteln sind die Bewerberinnen oder Bewerber unter Angabe von Familienname, Vorname und Art der Beschäftigung im Betrieb in der Reihenfolge aufzuführen, in der sie auf der Vorschlagsliste benannt sind.
(3) Die Wählerin oder der Wähler kennzeichnet die von ihr oder ihm gewählten Bewerberinnen oder Bewerber durch Ankreuzen an der hierfür im Stimmzettel vorgesehenen Stelle und faltet ihn in der Weise, dass ihre oder seine Stimmt nicht erkennbar ist; es dürfen nicht mehr Bewerberinnen oder Bewerber angekreuzt werden, als Betriebsratsmitglieder zu wählen sind. § 11 Abs. 1 Satz 2, Abs. 2 Satz 2, Abs. 4, §§ 12 und 13 gelten entsprechend.

§ 21 Stimmauszählung

Nach Öffnung der Wahlurne entnimmt der Wahlvorstand die Stimmzettel und zählt die auf jede Bewerberin und jeden Bewerber entfallenden Stimmen zusammen; § 14 Abs. 1 Satz 2 und Abs. 2 gilt entsprechend.

§ 22 Ermittlung der Gewählten

(1) Zunächst werden die dem Geschlecht in der Minderheit zustehenden Mindestsitze (§ 15 Abs. 2 des Gesetzes) verteilt. Dazu werden die dem Geschlecht in der Minderheit zustehenden Mindestsitze mit Angehörigen dieses Geschlechts in der Reihenfolge der jeweils höchsten auf sie entfallenden Stimmenzahlen besetzt.
(2) Nach der Verteilung der Mindestsitze des Geschlechts in der Minderheit nach Absatz 1 erfolgt die Verteilung der weiteren Sitze. Die weiteren Sitze werden mit Bewerberinnen und Bewerbern, unabhängig von ihrem

Geschlecht, in der Reihenfolge der jeweils höchsten auf sie entfallenden Stimmenzahlen besetzt.
(3) Haben in den Fällen des Absatzes 1 oder 2 für den zuletzt zu vergebenden Betriebsratssitz mehrere Bewerberinnen oder Bewerber die gleiche Stimmenzahl erhalten, so entscheidet das Los darüber, wer gewählt ist.
(4) Haben sich weniger Angehörige des Geschlechts in der Minderheit zur Wahl gestellt oder sind weniger Angehörige dieses Geschlechts gewählt worden als ihm nach § 15 Abs. 2 des Gesetzes Mindestsitze zustehen, so sind die insoweit überschüssigen Mitgliedersitze des Geschlechts in der Minderheit bei der Sitzverteilung nach Absatz 2 Satz 2 zu berücksichtigen.

§ 23 Wahlniederschrift, Bekanntmachung

(1) Nachdem ermittelt ist, welche Arbeitnehmerinnen und Arbeitnehmer als Betriebsratsmitglieder gewählt sind, hat der Wahlvorstand eine Niederschrift anzufertigen, in der außer den Angaben nach § 16 Abs. 1 Nr. 1, 5 bis 7 die jeder Bewerberin und jedem Bewerber zugefallenen Stimmenzahlen festzustellen sind. § 16 Abs. 2, § 17 Abs. 1, §§ 18 und 19 gelten entsprechend.
(2) Lehnt eine gewählte Person die Wahl ab, so tritt an ihre Stelle die nicht gewählte Person mit der nächsthöchsten Stimmenzahl. Gehört die gewählte Person dem Geschlecht in der Minderheit an, so tritt an ihre Stelle die nicht gewählte Person dieses Geschlechts mit der nächsthöchsten Stimmenzahl, wenn ansonsten das Geschlecht in der Minderheit nicht die ihm nach § 15 Abs. 2 des Gesetzes zustehenden Mindestsitze erhalten würde. Gibt es keine weiteren Angehörigen dieses Geschlechts, auf die Stimmen entfallen sind, geht dieser Sitz auf die nicht gewählte Person des anderen Geschlechts mit der nächsthöchsten Stimmenzahl über.

Dritter Abschnitt
Schriftliche Stimmabgabe

§ 24 Voraussetzungen

(1) Wahlberechtigten, die im Zeitpunkt der Wahl wegen Abwesenheit vom Betrieb verhindert sind, ihre Stimme persönlich abzugeben, hat der Wahlvorstand auf ihr Verlangen

1. das Wahlausschreiben,
2. die Vorschlagslisten,
3. den Stimmzettel und den Wahlumschlag,
4. eine vorgedruckte von der Wählerin oder dem Wähler abzugebende Erklärung, in der gegenüber dem Wahlvorstand zu versichern ist, dass der Stimmzettel persönlich gekennzeichnet worden ist, sowie
5. einen größeren Freiumschlag, der die Anschrift des Wahlvorstands und als Absender den Namen und die Anschrift der oder des Wahlberechtigten sowie den Vermerk »Schriftliche Stimmabgabe« trägt,

auszuhändigen oder zu übersenden. Die Wahlumschläge müssen sämtlich die gleiche Größe, Farbe, Beschaffenheit und Beschriftung haben. Der Wahlvorstand soll der Wählerin oder dem Wähler ferner ein Merkblatt über die Art und Weise der schriftlichen Stimmabgabe (§ 25) aushändigen oder übersenden. Der Wahlvorstand hat die Aushändigung oder die Übersendung der Unterlagen in der Wählerliste zu vermerken.

(2) Wahlberechtigte, von denen dem Wahlvorstand bekannt ist, dass sie

1. im Zeitpunkt der Wahl nach der Eigenart ihres Beschäftigungsverhältnisses (insbesondere im Außendienst oder mit Telearbeit Beschäftigte und in Heimarbeit Beschäftigte) oder
2. vom Erlass des Wahlausschreibens bis zum Zeitpunkt der Wahl aus anderen Gründen (insbesondere bei Ruhen des Arbeitsverhältnisses oder Arbeitsunfähigkeit)

voraussichtlich nicht im Betrieb anwesend sein werden, erhalten die in Absatz 1 bezeichneten Unterlagen, ohne dass es eines Verlangens der Wahlberechtigten bedarf. Der Arbeitgeber hat dem Wahlvorstand die dazu erforderlichen Informationen zur Verfügung zu stellen.

(3) Für Betriebsteile und Kleinstbetriebe, die räumlich weit vom Hauptbetrieb entfernt sind, kann der Wahlvorstand die schriftliche Stimmabgabe beschließen. Absatz 2 gilt entsprechend.

§ 25 Stimmabgabe

Die Stimmabgabe erfolgt in der Weise, dass die Wählerin oder der Wähler
1. den Stimmzettel unbeobachtet persönlich kennzeichnet und so faltet und in dem Wahlumschlag verschließt, dass die Stimmabgabe erst nach Auseinanderfallen des Stimmzettels erkennbar ist,
2. die vorgedruckte Erklärung unter Angabe des Orts und des Datums unterschreibt und
3. den Wahlumschlag und die unterschriebene vorgedruckte Erklärung in dem Freiumschlag verschließt und diesen so rechtzeitig an den Wahlvorstand absendet oder übergibt, dass er vor Abschluss der Stimmabgabe vorliegt.

Die Wählerin oder der Wähler kann unter den Voraussetzungen des § 12 Abs. 4 die in den Nummern 1 bis 3 bezeichneten Tätigkeiten durch eine Person des Vertrauens verrichten lassen.

§ 26 Verfahren bei der Stimmabgabe

(1) Zu Beginn der öffentlichen Sitzung zur Stimmauszählung nach § 13 öffnet der Wahlvorstand die bis zum Ende der Stimmabgabe (§ 3 Absatz 2 Nummer 11) eingegangenen Freiumschläge und entnimmt ihnen die Wahlumschläge sowie die vorgedruckten Erklärungen. Ist die schriftliche Stimmabgabe ordnungsgemäß erfolgt (§ 25), so vermerkt der Wahlvorstand die Stimmabgabe in der Wählerliste, öffnet die Wahlumschläge und legt die Stimmzettel in die Wahlurne. Befinden sich in einem Wahlumschlag mehrere gekennzeichnete Stimmzettel, werden sie in dem Wahlumschlag in die Wahlurne gelegt.

(2) Verspätet eingehende Briefumschläge hat der Wahlvorstand mit einem Vermerk über den Zeitpunkt des Eingangs ungeöffnet zu den Wahlunterlagen zu nehmen. Die Briefumschläge sind einen Monat nach Bekanntgabe des Wahlergebnisses ungeöffnet zu vernichten, wenn die Wahl nicht angefochten worden ist.

Vierter Abschnitt
Wahlvorschläge der Gewerkschaften

§ 27 Voraussetzungen, Verfahren

(1) Für den Wahlvorschlag einer im Betrieb vertretenen Gewerkschaft (§ 14 Abs. 3 des Gesetzes) gelten die §§ 6 bis 26 entsprechend.
(2) Der Wahlvorschlag einer Gewerkschaft ist ungültig, wenn er nicht von zwei Beauftragten der Gewerkschaft unterzeichnet ist (§ 14 Abs. 5 des Gesetzes).
(3) Die oder der an erster Stelle unterzeichnete Beauftragte gilt als Listenvertreterin oder Listenvertreter. Die Gewerkschaft kann hierfür eine Arbeitnehmerin oder einen Arbeitnehmer des Betriebs, die oder der Mitglied der Gewerkschaft ist, benennen.

Zweiter Teil
Wahl des Betriebsrats im vereinfachten Wahlverfahren
(§ 14a des Gesetzes)

Erster Abschnitt
Wahl des Betriebsrats im zweistufigen Verfahren
(§ 14a Abs. 1 des Gesetzes)

Erster Unterabschnitt
Wahl des Wahlvorstands

§ 28 Einladung zur Wahlversammlung

(1) Zu der Wahlversammlung, in der der Wahlvorstand nach § 17a Nr. 3 des Gesetzes (§ 14a Abs. 1 des Gesetzes) gewählt wird, können drei Wahlberechtigte des Betriebs oder eine im Betrieb vertretene Gewerkschaft einladen (einladende Stelle) und Vorschläge für die Zusammensetzung des Wahlvorstands machen. Die Einladung muss mindestens sieben Tage vor dem Tag der Wahlversammlung erfolgen. Sie ist durch Aushang an geeigneten Stellen im Betrieb bekannt zu machen. Ergänzend kann die Einladung mittels der im Betrieb vorhandenen Informations- und Kommunikationstechnik bekannt gemacht werden; § 2 Abs. 4 Satz 4 gilt entsprechend. Die Einladung muss folgende Hinweise enthalten:
a) Ort, Tag und Zeit der Wahlversammlung zur Wahl des Wahlvorstands;

b) dass Wahlvorschläge zur Wahl des Betriebsrats bis zum Ende der Wahlversammlung zur Wahl des Wahlvorstands gemacht werden können (§ 14a Abs. 2 des Gesetzes);
c) dass Wahlvorschläge der Arbeitnehmerinnen und Arbeitnehmer zur Wahl des Betriebsrats von mindestens zwei Wahlberechtigten unterzeichnet sein müssen; in Betrieben mit in der Regel bis zu zwanzig Wahlberechtigten bedarf es keiner Unterzeichnung von Wahlvorschlägen;
d) ‚dass Wahlvorschläge zur Wahl des Betriebsrats, die erst in der Wahlversammlung zur Wahl des Wahlvorstands gemacht werden, nicht der Schriftform bedürfen.

(2) Der Arbeitgeber hat unverzüglich nach Aushang der Einladung zur Wahlversammlung nach Absatz 1 der einladenden Stelle alle für die Anfertigung der Wählerliste erforderlichen Unterlagen (§ 2) in einem versiegelten Umschlag auszuhändigen.

§ 29 Wahl des Wahlvorstands

Der Wahlvorstand wird in der Wahlversammlung zur Wahl des Wahlvorstands von der Mehrheit der anwesenden Arbeitnehmerinnen und Arbeitnehmer gewählt (§ 17a Nr. 3 Satz 1 des Gesetzes). Er besteht aus drei Mitgliedern (§ 17a Nr. 2 des Gesetzes). Für die Wahl der oder des Vorsitzenden des Wahlvorstands gilt Satz 1 entsprechend.

Zweiter Unterabschnitt
Wahl des Betriebsrats

§ 30 Wahlvorstand, Wählerliste

(1) Unmittelbar nach seiner Wahl hat der Wahlvorstand in der Wahlversammlung zur Wahl des Wahlvorstands die Wahl des Betriebsrats einzuleiten. § 1 gilt entsprechend. Er hat unverzüglich in der Wahlversammlung eine Liste der Wahlberechtigten (Wählerliste), getrennt nach den Geschlechtern, aufzustellen. Die einladende Stelle hat dem Wahlvorstand den ihr nach § 28 Abs. 2 ausgehändigten versiegelten Umschlag zu übergeben. Die Wahlberechtigten sollen in der Wählerliste mit Familienname, Vorna-

me und Geburtsdatum in alphabetischer Reihenfolge aufgeführt werden. § 2 Abs. 1 Satz 3, Abs. 2 bis 4 gilt entsprechend.

(2) Einsprüche gegen die Richtigkeit der Wählerliste können mit Wirksamkeit für die Betriebsratswahl nur vor Ablauf von drei Tagen seit Erlass des Wahlausschreibens beim Wahlvorstand schriftlich eingelegt werden. § 4 Abs. 2 und 3 gilt entsprechend.

§ 31 Wahlausschreiben

(1) Im Anschluss an die Aufstellung der Wählerliste erlässt der Wahlvorstand in der Wahlversammlung das Wahlausschreiben, das von der oder dem Vorsitzenden und von mindestens einem weiteren stimmberechtigten Mitglied des Wahlvorstands zu unterschreiben ist. Mit Erlass des Wahlausschreibens ist die Betriebsratswahl eingeleitet. Das Wahlausschreiben muss folgende Angaben enthalten:

1. das Datum seines Erlasses;
2. die Bestimmung des Orts, an dem die Wählerliste und diese Verordnung ausliegen sowie im Fall der Bekanntmachung in elektronischer Form (§ 2 Abs. 4 Satz 3 und 4) wo und wie von der Wählerliste und der Verordnung Kenntnis genommen werden kann;
3. dass nur Arbeitnehmerinnen und Arbeitnehmer wählen oder gewählt werden können, die in die Wählerliste eingetragen sind, und dass Einsprüche gegen die Wählerliste (§ 30 Absatz 2 Satz 1) nur vor Ablauf von drei Tagen seit dem Erlass des Wahlausschreibens schriftlich beim Wahlvorstand eingelegt werden können, verbunden mit einem Hinweis auf die Anfechtungsausschlussgründe nach § 19 Absatz 3 des Gesetzes; der letzte Tag der Frist und im Fall des § 41 Absatz 2 zusätzlich die Uhrzeit sind anzugeben;
4. den Anteil der Geschlechter und den Hinweis, dass das Geschlecht in der Minderheit im Betriebsrat mindestens entsprechend seinem zahlenmäßigen Verhältnis vertreten sein muss, wenn der Betriebsrat aus mindestens drei Mitgliedern besteht (§ 15 Abs. 2 des Gesetzes);
5. die Zahl der zu wählenden Betriebsratsmitglieder (§ 9 des Gesetzes) sowie die auf das Geschlecht in der Minderheit entfallenden Mindestsitze im Betriebsrat (§ 15 Abs. 2 des Gesetzes);
6. die Mindestzahl von Wahlberechtigten, von denen ein Wahlvorschlag unterzeichnet sein muss (§ 14 Abs. 4 des Gesetzes) und den Hinweis,

dass Wahlvorschläge, die erst in der Wahlversammlung zur Wahl des Wahlvorstands gemacht werden, nicht der Schriftform bedürfen (§ 14a Abs. 2 zweiter Halbsatz des Gesetzes);

7. dass der Wahlvorschlag einer im Betrieb vertretenen Gewerkschaft von zwei Beauftragten unterzeichnet sein muss (§ 14 Abs. 5 des Gesetzes);
8. dass Wahlvorschläge bis zum Abschluss der Wahlversammlung zur Wahl des Wahlvorstands bei diesem einzureichen sind (§ 14a Abs. 2 erster Halbsatz des Gesetzes);
9. dass die Stimmabgabe an die Wahlvorschläge gebunden ist und dass nur solche Wahlvorschläge berücksichtigt werden dürfen, die fristgerecht (Nr. 8) eingereicht sind;
10. die Bestimmung des Orts, an dem die Wahlvorschläge bis zum Abschluss der Stimmabgabe aushängen;
11. Ort, Tag und Zeit der Wahlversammlung zur Wahl des Betriebsrats (Tag der Stimmabgabe – § 14a Abs. 1 Satz 3 und 4 des Gesetzes);
12. dass Wahlberechtigten, die an der Wahlversammlung zur Wahl des Betriebsrats nicht teilnehmen können, Gelegenheit zur nachträglichen schriftlichen Stimmabgabe gegeben wird (§ 14a Abs. 4 des Gesetzes); das Verlangen auf nachträgliche schriftliche Stimmabgabe muss spätestens drei Tage vor dem Tag der Wahlversammlung zur Wahl des Betriebsrats dem Wahlvorstand mitgeteilt werden;
13. Ort, Tag und Zeit der nachträglichen schriftlichen Stimmabgabe (§ 14a Abs. 4 des Gesetzes) sowie die Betriebsteile und Kleinstbetriebe, für die nachträgliche schriftliche Stimmabgabe entsprechend § 24 Abs. 3 beschlossen ist;
14. den Ort, an dem Einsprüche, Wahlvorschläge und sonstige Erklärungen gegenüber dem Wahlvorstand abzugeben sind (Betriebsadresse des Wahlvorstands);
15. Ort, Tag und Zeit der öffentlichen Stimmauszählung.

(2) Ein Abdruck des Wahlausschreibens ist vom Tage seines Erlasses bis zum letzten Tage der Stimmabgabe an einer oder mehreren geeigneten, den Wahlberechtigten zugänglichen Stellen vom Wahlvorstand auszuhängen und in gut lesbarem Zustand zu erhalten. Ergänzend kann das Wahlausschreiben mittels der im Betrieb vorhandenen Informations- und Kommunikationstechnik bekannt gemacht werden. § 2 Abs. 4 Satz 4 gilt entsprechend.

§ 32 Bestimmung der Mindestsitze für das Geschlecht in der Minderheit

Besteht der zu wählende Betriebsrat aus mindestens drei Mitgliedern, so hat der Wahlvorstand den Mindestanteil der Betriebsratssitze für das Geschlecht in der Minderheit (§ 15 Abs. 2 des Gesetzes) gemäß § 5 zu errechnen.

§ 33 Wahlvorschläge

(1) Die Wahl des Betriebsrats erfolgt aufgrund von Wahlvorschlägen. Die Wahlvorschläge sind von den Wahlberechtigten und den im Betrieb vertretenen Gewerkschaften bis zum Ende der Wahlversammlung zur Wahl des Wahlvorstands bei diesem einzureichen. Wahlvorschläge, die erst in dieser Wahlversammlung gemacht werden, bedürfen nicht der Schriftform (§ 14a Abs. 2 des Gesetzes).
(2) Für Wahlvorschläge gilt § 6 Abs. 2 bis 4 entsprechend. Im Fall des § 14 Absatz 4 Satz 1 des Gesetzes gilt § 6 Absatz 4 entsprechend mit der Maßgabe, dass Person im Sinne des § 6 Absatz 4 Satz 2 die- oder derjenige ist, die oder der den Wahlvorschlag eingereicht hat. § 6 Abs. 5 gilt entsprechend mit der Maßgabe, dass ein Wahlberechtigter, der mehrere Wahlvorschläge unterstützt, auf Aufforderung des Wahlvorstands in der Wahlversammlung erklären muss, welche Unterstützung er aufrechterhält. Für den Wahlvorschlag einer im Betrieb vertretenen Gewerkschaft gilt § 27 entsprechend.
(3) § 7 gilt entsprechend. § 8 gilt entsprechend mit der Maßgabe, dass Mängel der Wahlvorschläge nach § 8 Abs. 2 nur in der Wahlversammlung zur Wahl des Wahlvorstands beseitigt werden können.
(4) Unmittelbar nach Abschluss der Wahlversammlung hat der Wahlvorstand die als gültig anerkannten Wahlvorschläge bis zum Abschluss der Stimmabgabe in gleicher Weise bekannt zu machen, wie das Wahlausschreiben (§ 31 Abs. 2).
(5) Ist in der Wahlversammlung kein Wahlvorschlag zur Wahl des Betriebsrats gemacht worden, hat der Wahlvorstand bekannt zu machen, dass die Wahl nicht stattfindet. Die Bekanntmachung hat in gleicher Weise wie das Wahlausschreiben (§ 31 Abs. 2) zu erfolgen.

§ 34 Wahlverfahren

(1) Die Wählerin oder der Wähler kann ihre oder seine Stimme nur für solche Bewerberinnen oder Bewerber abgeben, die in einem Wahlvorschlag benannt sind. Auf den Stimmzetteln sind die Bewerberinnen oder Bewerber in alphabetischer Reihenfolge unter Angabe von Familienname, Vorname und Art der Beschäftigung im Betrieb aufzuführen. Die Wählerin oder der Wähler kennzeichnet die von ihm Gewählten durch Ankreuzen an der hierfür im Stimmzettel vorgesehenen Stelle und faltet ihn in der Weise, dass ihre oder seine Stimme nicht erkennbar ist; es dürfen nicht mehr Bewerberinnen oder Bewerber angekreuzt werden, als Betriebsratsmitglieder zu wählen sind. § 11 Abs. 1 Satz 2, Abs. 2 Satz 2, Abs. 4 und § 12 gelten entsprechend.
(2) Im Fall der nachträglichen schriftlichen Stimmabgabe (§ 35) hat der Wahlvorstand am Ende der Wahlversammlung zur Wahl des Betriebsrats die Wahlurne zu versiegeln und aufzubewahren.
(3) Erfolgt keine nachträgliche schriftliche Stimmabgabe, hat der Wahlvorstand unverzüglich nach Abschluss der Wahl die öffentliche Auszählung der Stimmen vorzunehmen und das sich daraus ergebende Wahlergebnis bekannt zu geben. Die §§ 21, 23 Abs. 1 gelten entsprechend.
(4) Ist nur ein Betriebsratsmitglied zu wählen, so ist die Person gewählt, die die meisten Stimmen erhalten hat. Bei Stimmengleichheit entscheidet das Los. Lehnt eine gewählte Person die Wahl ab, so tritt an ihre Stelle die nicht gewählte Person mit der nächsthöchsten Stimmenzahl.
(5) Sind mehrere Betriebsratsmitglieder zu wählen, gelten für die Ermittlung der Gewählten die §§ 22 und 23 Abs. 2 entsprechend.

§ 35 Nachträgliche schriftliche Stimmabgabe

(1) Können Wahlberechtigte an der Wahlversammlung zur Wahl des Betriebsrats nicht teilnehmen, um ihre Stimme persönlich abzugeben, können sie beim Wahlvorstand die nachträgliche schriftliche Stimmabgabe beantragen (§ 14a Abs. 4 des Gesetzes). Das Verlangen auf nachträgliche schriftliche Stimmabgabe muss die oder der Wahlberechtigte dem Wahlvorstand spätestens drei Tage vor dem Tag der Wahlversammlung zur Wahl des Betriebsrats mitgeteilt haben. Die §§ 24, 25 gelten entsprechend.

(2) Wird die nachträgliche schriftliche Stimmabgabe aufgrund eines Antrags nach Absatz 1 Satz 1 erforderlich, hat dies der Wahlvorstand unter Angabe des Orts, des Tags und der Zeit der öffentlichen Stimmauszählung in gleicher Weise bekannt zu machen wie das Wahlausschreiben (§ 31 Abs. 2).
(3) Unmittelbar nach Ablauf der Frist für die schriftliche Stimmabgabe nimmt der Wahlvorstand in öffentlicher Sitzung die Auszählung der Stimmen vor.
(4) Zu Beginn der öffentlichen Sitzung nach Absatz 3 öffnet der Wahlvorstand die bis zu diesem Zeitpunkt eingegangenen Freiumschläge und entnimmt ihnen die Wahlumschläge sowie die vorgedruckten Erklärungen. Ist die nachträgliche schriftliche Stimmabgabe ordnungsgemäß erfolgt (§ 25), so vermerkt der Wahlvorstand die Stimmabgabe in der Wählerliste, öffnet die Wahlumschläge und legt die Stimmzettel in die bis dahin versiegelte Wahlurne. Befinden sich in einem Wahlumschlag mehrere gekennzeichnete Stimmzettel, werden sie in dem Wahlumschlag in die Wahlurne gelegt.
(5) Nachdem alle ordnungsgemäß nachträglich abgegebenen Stimmzettel in die Wahlurne gelegt worden sind, nimmt der Wahlvorstand im Anschluss die Auszählung der Stimmen vor. § 34 Abs. 3 bis 5 gilt entsprechend.

Zweiter Abschnitt
Wahl des Betriebsrats im einstufigen Verfahren
(§ 14a Abs. 3 des Gesetzes)

§ 36 Wahlvorstand, Wahlverfahren

(1) Nach der Bestellung des Wahlvorstands durch den Betriebsrat, Gesamtbetriebsrat, Konzernbetriebsrat oder das Arbeitsgericht (§ 14a Abs. 3, § 17a des Gesetzes) hat der Wahlvorstand die Wahl des Betriebsrats unverzüglich einzuleiten. Die Wahl des Betriebsrats findet auf einer Wahlversammlung statt (§ 14a Abs. 3 des Gesetzes). Die §§ 1, 2 und 30 Abs. 2 gelten entsprechend.
(2) Im Anschluss an die Aufstellung der Wählerliste erlässt der Wahlvorstand das Wahlausschreiben, das von der oder dem Vorsitzenden und von mindestens einem weiteren stimmberechtigten Mitglied des Wahl-

vorstands zu unterschreiben ist. Mit Erlass des Wahlausschreibens ist die Betriebsratswahl eingeleitet. Besteht im Betrieb ein Betriebsrat, soll der letzte Tag der Stimmabgabe (nachträgliche schriftliche Stimmabgabe) eine Woche vor dem Tag liegen, an dem die Amtszeit des Betriebsrats abläuft.

(3) Das Wahlausschreiben hat die in § 31 Abs. 1 Satz 3 vorgeschriebenen Angaben zu enthalten, soweit nachfolgend nichts anderes bestimmt ist:

1. Abweichend von Nummer 6 ist ausschließlich die Mindestzahl von Wahlberechtigten anzugeben, von denen ein Wahlvorschlag unterzeichnet sein muss (§ 14 Abs. 4 des Gesetzes).
2. Abweichend von Nummer 8 hat der Wahlvorstand anzugeben, dass die Wahlvorschläge spätestens eine Woche vor dem Tag der Wahlversammlung zur Wahl des Betriebsrats beim Wahlvorstand einzureichen sind (§ 14a Abs. 3 Satz 2 des Gesetzes); der letzte Tag der Frist und im Fall des § 41 Absatz 2 zusätzlich die Uhrzeit sind anzugeben.

Für die Bekanntmachung des Wahlausschreibens gilt § 31 Abs. 2 entsprechend.

(4) Die Vorschriften über die Bestimmung der Mindestsitze nach § 32, das Wahlverfahren nach § 34 und die nachträgliche Stimmabgabe nach § 35 gelten entsprechend.

(5) Für Wahlvorschläge gilt § 33 Abs. 1 entsprechend mit der Maßgabe, dass die Wahlvorschläge von den Wahlberechtigten und den im Betrieb vertretenen Gewerkschaften spätestens eine Woche vor der Wahlversammlung zur Wahl des Betriebsrats beim Wahlvorstand schriftlich einzureichen sind (§ 14a Abs. 3 Satz 2 zweiter Halbsatz des Gesetzes). § 6 Abs. 2 bis 5 und die §§ 7 und 8 gelten entsprechend mit der Maßgabe, dass die in § 6 Abs. 5 und § 8 Abs. 2 genannten Fristen nicht die gesetzliche Mindestfrist zur Einreichung der Wahlvorschläge nach § 14a Abs. 3 Satz 2 erster Halbsatz des Gesetzes überschreiten dürfen. Nach Ablauf der gesetzlichen Mindestfrist zur Einreichung der Wahlvorschläge hat der Wahlvorstand die als gültig anerkannten Wahlvorschläge bis zum Abschluss der Stimmabgabe in gleicher Weise bekannt zu machen wie das Wahlausschreiben (Absatz 3).

(6) Ist kein Wahlvorschlag zur Wahl des Betriebsrats gemacht worden, hat der Wahlvorstand bekannt zu machen, dass die Wahl nicht stattfindet. Die Bekanntmachung hat in gleicher Weise wie das Wahlausschreiben (Absatz 3) zu erfolgen.

Dritter Abschnitt
Wahl des Betriebsrats in Betrieben mit in der Regel 101 bis 200 Wahlberechtigten (§ 14a Abs. 5 des Gesetzes)

§ 37 Wahlverfahren

Haben Arbeitgeber und Wahlvorstand in einem Betrieb mit in der Regel 101 bis 200 Wahlberechtigten die Wahl des Betriebsrats im vereinfachten Wahlverfahren vereinbart (§ 14a Abs. 5 des Gesetzes), richtet sich das Wahlverfahren nach § 36.

Dritter Teil
Wahl der Jugend- und Auszubildendenvertretung

§ 38 Wahlvorstand, Wahlvorbereitung

Für die Wahl der Jugend- und Auszubildendenvertretung gelten die Vorschriften der §§ 1 bis 5 über den Wahlvorstand, die Wählerliste, das Wahlausschreiben und die Bestimmung der Mindestsitze für das Geschlecht in der Minderheit entsprechend. Dem Wahlvorstand muss mindestens eine nach § 8 des Gesetzes wählbare Person angehören.

§ 39 Durchführung der Wahl

(1) Sind mehr als drei Mitglieder zur Jugend- und Auszubildendenvertretung zu wählen, so erfolgt die Wahl aufgrund von Vorschlagslisten, sofern nicht die Wahl im vereinfachten Wahlverfahren erfolgt (§ 63 Absatz 4 und 5 des Gesetzes). § 6 Abs. 1 Satz 2, Abs. 2 und 4 bis 7, die §§ 7 bis 10 und § 27 gelten entsprechend. § 6 Abs. 3 gilt entsprechend mit der Maßgabe, dass in jeder Vorschlagsliste auch der Ausbildungsberuf der einzelnen Bewerberinnen oder Bewerber aufzuführen ist.
(2) Sind mehrere gültige Vorschlagslisten eingereicht, so kann die Stimme nur für eine Vorschlagsliste abgegeben werden. § 11 Abs. 1 Satz 2, Abs. 3 und 4, die §§ 12 bis 19 gelten entsprechend. § 11 Abs. 2 gilt entsprechend mit der Maßgabe, dass auf den Stimmzetteln auch der Ausbildungsberuf der einzelnen Bewerberinnen oder Bewerber aufzuführen ist.
(3) Ist nur eine gültige Vorschlagsliste eingereicht, so kann die Stimme nur für solche Bewerberinnen oder Bewerber abgegeben werden, die in

der Vorschlagsliste aufgeführt sind. § 20 Abs. 3, die §§ 21 bis 23 gelten entsprechend. § 20 Abs. 2 gilt entsprechend mit der Maßgabe, dass auf den Stimmzetteln auch der Ausbildungsberuf der einzelnen Bewerber aufzuführen ist.
(4) Für die schriftliche Stimmabgabe gelten die §§ 24 bis 26 entsprechend.

§ 40 Wahl der Jugend- und Auszubildendenvertretung im vereinfachten Wahlverfahren

(1) In Betrieben mit in der Regel fünf bis 100 der in § 60 Abs. 1 des Gesetzes genannten Arbeitnehmerinnen und Arbeitnehmern wird die Jugend- und Auszubildendenvertretung im vereinfachten Wahlverfahren gewählt (§ 63 Abs. 4 Satz 1 des Gesetzes). Für das Wahlverfahren gilt § 36 entsprechend mit der Maßgabe, dass in den Wahlvorschlägen und auf den Stimmzetteln auch der Ausbildungsberuf der einzelnen Bewerberinnen oder Bewerber aufzuführen ist. § 38 Satz 2 gilt entsprechend.
(2) Absatz 1 Satz 2 und 3 gilt entsprechend, wenn in einem Betrieb mit in der Regel 101 bis 200 der in § 60 Abs. 1 des Gesetzes genannten Arbeitnehmerinnen und Arbeitnehmern Arbeitgeber und Wahlvorstand die Anwendung des vereinfachten Wahlverfahrens vereinbart haben (§ 63 Abs. 5 des Gesetzes).

Vierter Teil
Übergangs- und Schlussvorschriften

§ 41 Berechnung der Fristen

(1) Für die Berechnung der in dieser Verordnung festgelegten Fristen finden die §§ 186 bis 193 des Bürgerlichen Gesetzbuchs entsprechende Anwendung.
(2) Mit der Bestimmung des letzten Tages der Frist nach Absatz 1 kann der Wahlvorstand eine Uhrzeit festlegen, bis zu der ihm Erklärungen nach § 4 Absatz 1, § 6 Absatz 1 und Absatz 7 Satz 2, § 8 Absatz 2, § 9 Absatz 1 Satz 1, § 30 Absatz 2 Satz 1 sowie § 36 Absatz 5 Satz 1 und 2 zugehen müssen. Diese Uhrzeit darf nicht vor dem Ende der Arbeitszeit der Mehrheit der Wählerinnen und Wähler an diesem Tag liegen.

§ 42 Bereich der Seeschifffahrt

Die Regelung der Wahlen für die Bordvertretung und den Seebetriebsrat (§§ 115 und 116 des Gesetzes) bleibt einer besonderen Rechtsverordnung vorbehalten.

§ 43 Inkrafttreten

(1) Diese Verordnung tritt am Tage nach der Verkündung in Kraft.
(2) *(weggefallen)*

Stichwortverzeichnis